Volker Wieprecht
Robert Skuppin

Das Lexikon der verschwundenen Dinge

Rowohlt · Berlin

2. Auflage Mai 2009

Satz aus der DTL Documenta PostScript (InDesign)
bei KCS GmbH, Buchholz bei Hamburg
Druck & Bindung CPI – Clausen & Bosse, Leck
Printed in Germany
ISBN 978 3 87134 639 2

Für unsere Lieblingskuscheltiere –
den abgeschabten Maulwurf
und den Stoffdackel,
der 1971 an der Autobahnraststätte
Nürnberg-Feucht liegenblieb.

Wave goodbye
Wish me well
You've got to let me go

The Killers

Inhalt

Vorwort

Der Magier David Copperfield hat einmal die Freiheitsstatue in New York verschwinden lassen. Das Publikum war hinreichend verblüfft, wenn nicht gar geschockt. Weiße Kaninchen, bunte Tücher oder hier und da mal eine knapp bekleidete Dame – das mag ja noch angehen. Aber 225 Tonnen Eisen, Kupfer und Gedöns? Das war allerhand. Verschwunden ist bei vielen dennoch die Erinnerung daran, wann das war. 1985.

Bleiben wir doch gleich mal bei diesem beliebigen Jahr. Fast ein Vierteljahrhundert liegt es jetzt zurück, ein Ozean vergessener Ereignisse. Sie sind verschwunden, nicht wirkungslos, aber perdu. In der Erinnerung ist, je nach persönlicher Interessenlage, mal dies, mal jenes geblieben: Knauserige Autofahrer, die zwischen Freiburg und Genf pendeln, werden grummelnd des 1. Januars 1985 gedenken, des Tages, an dem die Schweiz die Autobahngebühren für Pkws einführte. Wer heute gern die durchweg gutaussehenden jungen Fahrerinnen in den SUVs russischer Oligarchen bestaunt, erinnert sich vielleicht an den 11. März 1985: Michail Gorbatschow wurde zum Generalsekretär der KPdSU gewählt. Krimifreunde erlebten einen unvergeßlichen 11. Juni: Auf der Glienicker Brücke fand ein Austausch von Agenten statt. Vier aus dem Osten gegen fünfundzwanzig aus dem

Westen, also zu einem Wechselkurs von, großzügig gerechnet, 1:6. Sportsfreunde hingegen nehmen eher den 7. Juli desselben Jahres ins Visier: Ein Leimener wird mit siebzehn jüngster Sieger beim Grand-Slam-Turnier von Wimbledon. Später wird Boris Becker ein beachtliches Talent entwickeln, öffentlichkeitswirksam den tapsigen Bibabummsbären zu geben und dabei durch Besenkammern und Gerichtssäle zu stolpern.

Ereignisse entfalten also Wirkungen, die von Historikern und Zeitzeugen rekapituliert werden können. Die Vergangenheit spricht Bände. Der Band über Dinge, die verschwunden sind oder zu verschwinden drohen, mußte aber noch geschrieben werden. Zuviel ist uns allein schon in diesem Leben abhanden gekommen, das nicht unerwähnt bleiben darf. Dazu war es uns, wie das Telegramm (➶ Oooh, ein Telegramm!), zu lieb und zu teuer. Mit Ausnahme des Pudels (➶ Iiih, Pudel!), der erfreulicherweise gerade mal keine Konjunktur hat, nicht en vogue, also außer Mode und fast verschwunden ist. Das mag sich ändern.

Selbst Produkte haben ja ihre Zyklen. Nehmen wir nur das widerliche ➶ Slime, das in unseren Kinderzimmern von der Wand troff. Es mag als grausilbriges Alien-Blubber in der Technotonne wiederkehren, für uns ist es nicht dasselbe und schon gar nicht das gleiche.

Viele der hier beschriebenen Dinge und Phänomene haben Phasen unseres Lebens geprägt und begleitet, die die Autoren für den geneigten Leser vollkommen uneigennützig noch einmal durchlebt haben. Verstehen Sie dieses Buch also bitte als eine behagliche Tauchfahrt zum Atlantis Ihrer und unserer jüngeren Schaffensperiode. Als eine Expedition ins mythische Walhall, die Rauf- und Saufkammer nordischer Kämpfer, die jene Schlacht verloren, in der wir alle eines Tages vernichtend geschlagen werden: das Leben.

Danken möchten wir denen, die mit uns gerungen haben, sich die – falls noch vorhanden – Haare rauften auf der Suche nach schwer Greifbarem: den verschwundenen und verschwindenden Dingen. Bei Bier und Wein flossen viele Tränen, kamen traumatische Kindheitserinnerungen wieder hoch, wurde aber auch viel gelacht. Das ➶Yps-Gimmick, die ➶Schreibmaschine und die ➶Compact Cassette hinterließen klaftertiefe Narben im kollektiven Erfahrungsgewebe, verlorene ➶Ehre wiederzufinden erwies sich als weitaus schwieriger. Und das ist auch gut so. Einem der letzten großen ➶Heiratsschwindler dieser Republik zu begegnen war äußerst beglückend. ➶Eisblumen weinten wir zwei, drei, dem ➶Lebertran nicht eine ➶Knastträne nach.

Nicht alle Dinge, mit denen wir uns im folgenden beschäftigen, sind für immer und ewig weg. Verschwunden bedeutet unserer Meinung nach, daß wir und andere sie aus den Augen verloren haben und ihre Bedeutung im Vergleich zu früher nachgelassen hat. Ob das so ist, darüber kann man sicherlich im Einzelfall streiten, aber lieber ein Nachruf zu früh, als daß etwas ehemals Bedeutendes unbemerkt entfleucht! Das wäre wirklich traurig.

Ach, übrigens: Copperfield hat die Freiheitsstatue damals auch wieder erscheinen lassen – klar, sonst wäre sie ja bis heute weg! Wieder erklang höflicher Beifall, aber bei weitem nicht so tosend wie bei ihrem Verschwinden. Abschied ist eben ein scharfes Schwert...

Berlin, im Januar 2009

Aufmerksamkeit, höchste Unlängst wurden wir im Rahmen eines Kongresses in einen Vortragssaal gespült. Auf dem Stillen Portier* hatten wir das Thema gesehen: irgendwas mit Medienkonsum und Aufmerksamkeitsdefiziten. Wir haben's vergessen. Der Saal war gut gefüllt, vielleicht hundertfünfzig Leute. Alle fummelten an ihren Handys rum. Erst, um ihnen liebkosend noch eine Nachricht abzutrotzen, dann, um sie auszuschalten. So, wie die Videobeamer es ihnen befahlen. Die Besetzung des Podiums kam uns ausgesprochen üppig vor: Für das dreißigminütige «Panel» waren ein sogenannter Keynotespeaker, drei Diskutanten und ein Moderator einbestellt worden. Jeder Atemzug des jeweils Sprechenden wurde anders bebildert. Langeweile schienen die Veranstalter zu fürchten wie der aktive Alkoholiker die Trockenheit.

Folgende Fetzen des Vortrags haben wir ohne Notizen behalten: Mehr als ein Drittel der Snowboarder sind älter als fünfunddreißig Jahre. (Nutzloses Wissen. Keine Ahnung, in welchem Zusammenhang das gesagt wurde.) Wir leben in einer «Snack Culture», in der alles ad hoc konsumierbar sein muß. (Wußten wir schon. Sind ja

* Haben Sie es bemerkt? Stille Portiers – also Wegweiser durch Vorderhäuser, Hinterhäuser, Seitenflügel und dazugehörige Etagen – verschwinden auch ...

selber stets hungrig!) Die durchschnittliche Zeitspanne, in der man in der heutigen Arbeitswelt unbehelligt und konzentriert arbeiten kann, beträgt genau drei Minuten. Drei Minuten, bis wieder das Telefon klingelt, ein Kollege Sprechdurchfall entwickelt, eine E-Mail oder SMS eintrifft. (Das kann wohl für Nachtwächter und Fließbandarbeiter nicht gelten. Für welche Berufsgruppen aber dann? Bestimmt wieder diese egomanischen Werber.) Der Reichtum an Information generiert einen Mangel an Aufmerksamkeit. (Klingt wie eine tiefe Einsicht.) Der glatzköpfige Trendforscher unterbrach seine Ausführungen immer wieder mit dem gehetzten Hinweis, daß er die Wirklichkeit aufgrund der gebotenen Kürze nicht erschöpfend beschreiben könne. Geschätzte fünfzehn Prozent seiner Redezeit dienten diesen Entschuldigungen.

Die Art und Weise des Vortrags spiegelte das Problem: Immer häufiger fehlt uns die Konzentrationsfähigkeit, zerstört die Informationsexplosion die notwendige Sammlung. Liegt es an den Umständen, haben wir einfach zuviel um die Ohren? Ist die Welt so aus den Fugen geraten, daß wir uns nicht mehr mit höchster Aufmerksamkeit ganz einer Sache widmen können?

Nehmen Sie bitte mal zum Vergleich die beiden wahrscheinlich letzten Universalgenies deutscher Provenienz: Leibniz und Goethe. Von der Erhabenheit des letzteren wurden wir spätestens 1982 durch die «Goethe-Latte», ein Werk des Künstlers Georg Herold, überzeugt: Auf einen zwei Meter langen Holzstab schrieb Herold «Goethe» und stellte daneben einen sechzig Zentimeter kurzen Holzstummel mit der Aufschrift: «irgendein Scheißer».

Sie, werter Leser, gleichen also eher diesem Stöckchen. Und obwohl Ihr literarisches Werk wesentlich weniger Platz im Regal einnehmen dürfte als das Johann Wolfgangs, Ihre Libido mit achtzig auch nur noch pillengesteuert rege und Ihre Barschaft nebst Titel unbedeutender sein wird als die des Meisters, sind Sie Goethe doch haushoch überlegen – eine Erkenntnis, die Hans Magnus Enzensberger geschuldet ist. Die Herausforderungen in Goethes Alltag bestanden nämlich – technisch gesehen – maximal in der Frage: Wie verdünne ich an meinem Federkiel getrocknete Tinte? Sie hingegen müssen Wäscheetiketten identifizieren und das Bügeleisen entsprechend einstellen, Software installieren und optische Signale auf Ihren Armaturen deuten können, was ein rudimentäres Verständnis der Geräte selbst voraussetzt. Die Diversifikation der Welt ist eine Last, für jeden von uns.

Jetzt zu Leibniz. Allein die Rekapitulation seines Vornamens erfordert Sammlungskräfte. Harald ist falsch. Keks auch. Gottfried Wilhelm hieß er. (Mit soviel Ballast hatte Goethe eben erst gar nicht zu kämpfen. Der wußte sofort und ganz akkurat: geboren 1646 in Leipzig, gestorben 1716 in Hannover.) Ein Mann, der Pläne für Unterseeboote ebenso leicht ersann wie das Dualsystem und die Monadenlehre. Ein Pfundskerl, der wohl der letzte Mensch auf diesem Planeten war, der mit einer vier Kilo schweren Lockenperücke nicht lächerlich wirkte. Einer, der morgens aufstand und schon so viele Ideen hatte, daß er wußte, der Tag würde wieder nicht reichen, sie alle aufzuschreiben oder gar umzusetzen. Einer, für den die Welt noch einfach war: Es gab Gott und das Nichts. 1 und 0. Gott war alles, und nichts war eben nichts. Der Rest war von Gott gemacht und entwickelte sich mehr und mehr auf ihn hin, garantiert durch die Bauart des Universums, das aus Monaden besteht, beseelten unteilbaren Entitäten, die körperlich wie psychisch sein können und aufeinander einwirken, selbst aber nur ohnehin schon vorbestimmte Initiativen zu ergreifen in der Lage sind. (Wenn Sie es nicht sofort verstanden haben, mangelt es Ihnen keineswegs an Aufmerksamkeit. Sie müssen es einfach nur noch sechsmal lesen.) Da fühlt es sich doch sicher gut an, eine so begabte Monade wie Leibniz zu sein. Da kann man dann auch schon mal ein Konvolut von fünfzehntausend Briefen hinterlassen, so voll im Bewußtsein der Einzigartigkeit.

Der Schlüssel zur schier monströsen Produktivität des Mannes scheint uns seine Gelassenheit zu sein. Gelassen ist das Gegenteil von neurotisch. Und neurotisch bedeutet: jedem Gefühl, jedem Gedanken Raum zu geben, jeder Begehrlichkeit hinterherzurennen. Ich will ein Haus, einen Doktortitel, neue Socken, die leckereren Nudeln, günstigere Telefontarife, lieber nicht noch mal nach Apulien, der Typ dort ist aber viel netter als der, den ich gestern kennengelernt habe, und die Frau hier hat ungeahnt große Brüste – Hilfe! Den ganzen lieben langen Tag läßt uns das Feuerwerk von Das-will-ich! und Das-will-ich-nicht! erbeben. Bei dem Warenangebot mehr denn je. Alles nicht schlimm. Nur viel zuviel, um sich auf die wirklich wesentliche Frage zu besinnen: Warum konzentrieren wir uns mehr auf die Zerstreuung als auf die Sammlung? Denn das heißt Konzentration: seine Geisteskräfte bündeln, um den Zustand höchster Aufmerksamkeit zu erreichen.

Nur mal so am Rande erwähnt, wie das gehen kann: Buddha saß drei Wochen lang Tag und Nacht unterm Buddhabaum. Der tibetische Mönch Gendün Rinpoche verbrachte gar dreißig Jahre in völliger Zurückgezogenheit. (So belanglos können seine Erfahrungen nicht gewesen sein, die ihn dort hielten. Und er hatte nicht mal ein Buch dabei.) Wem das zu exotisch – weil asiatisch – ist: Der französische Philosoph und Mathematiker Blaise Pascal formulierte schon vor 1670, dem Jahr, in dem seine Lose-Zettel-Sammlung posthum und geordnet unter dem Titel «Pensées» (Gedanken) veröffentlicht wurde, Überlegungen, mit denen man – mit ein bißchen Konzentration – weit kommen kann. Gedanke Nummer 1: «Wir rennen unbekümmert in den Abgrund, nachdem wir irgend etwas vor uns hingestellt haben, das uns hindern soll, ihn zu sehen.» Um diese Sichtblende zu finden, müssen Sie sich voll und ganz auf den Gedanken Nummer 2 verlassen: «Ich habe entdeckt, daß das ganze Unglück der Menschen daher rührt, nicht imstande zu sein, in Ruhe in einer Kammer zu verharren.» Das meint keinesfalls den griesgrämigen Rückzug aus einer abscheulichen Welt. Es ist vielmehr eine Einladung, den inneren Reichtum zu entdecken.

Kurz: Machen Sie hin und wieder ruhig mal eine Informationsdiät. Lassen Sie sich nicht Ihre Sinne zumüllen. Neugier ist auch nur eine Form von Eitelkeit. Meistens will man etwas nur erfahren, um darüber sprechen zu können. Als könne man der ganzen Welt habhaft werden. Übrigens auch ein Gedanke von diesem Erfinder der Wahrscheinlichkeitsrechnung. Wie hieß er doch gleich? Na, egal, einer von uns wird schon noch drauf kommen …

Status: stark nachlassend.

Autos: Ente, Käfer und R4 Natürlich existieren immer noch Autos, und wahrscheinlich wird es sie noch lange geben. Aber «echte» Automobile sind von den Straßen fast verschwunden. Das waren laute, stinkende Gefährte, die zwar nicht den Luxus moderner Fahrzeuge bieten konnten, doch dafür blieben sie nie wegen defekter Bordelektronik liegen. Wie auch? Sie hatten ja keine!

Autos werden heute an Computern konstruiert, sie haben atemberaubende c_w-Werte, minimale Spaltmaße und Anzeigeninstrumente wie ein Airbus A 320 – nur: Schön sind sie nicht. Kein Wunder also, daß Autodesigner mittlerweile den Retro-Look kultiviert haben. VW bietet mit dem New Beetle eine Neuauflage des Volkswagen-Klassikers schlechthin, des Käfers, den Mini gibt es seit 2001 im Design von BMW, und Fiat konnte jüngst mit seiner Coverversion des Fiat 500 einen gigantischen Verkaufserfolg landen.

Inmitten des trostlosen Einheitsdesigns moderner Autos fallen diese pseudoklassischen Karossen natürlich positiv auf, doch an die Originale reichen sie nicht heran. Der echte Käfer hatte 34 PS, den typischen Boxer-Motor-Sound und keine Tankanzeige. Es gab dennoch ein untrügliches Anzeichen dafür, daß der Sprit bald alle war: Im Käfer verbreitete sich ein impertinenter Benzingestank. Dann mußte man den Benzinhahn umlegen und hatte noch knapp fünf Liter zum Weiterfahren. Im Winter funktionierte die Heizung schlecht, und ständig beschlug die Scheibe. Doch man fühlte noch, daß man in einem Fahrzeug saß und sich bewegte. In heutigen Autos mit ihren klinisch sauberen Sitzen kommt man sich eher vor wie in einer Zahnarztpraxis. Es wimmelt nur so von High-Tech-Instrumenten, und wo einst Zigarettenanzünder glühten, leuchten heute Navigationssysteme vor sich hin. Die sind auch notwendig, denn wer würde einem Porsche-Cayenne-Fahrer schon freiwillig den Weg erklären? Nicht mal die Birne im Frontscheinwerfer kann man mehr selbst wechseln. Bei der Ente dagegen war sogar der Austausch eines Kotflügels ein Kinderspiel.

Der 2CV von Citroën wurde 1934 unter folgender Vorgabe für die Ingenieure entwickelt: «Entwerfen Sie ein Auto, das Platz für zwei Bauern in Stiefeln und einen Zentner Kartoffeln oder ein Fäßchen Wein bietet,

Als Zulieferer für Abdeckereien lange das bevorzugte Gefährt: der VW 1300 P, der bis zu zehn Pferde schieben konnte.

mindestens 60 km/h schnell ist und dabei nur drei Liter Benzin auf hundert Kilometer verbraucht. Außerdem soll es schlechteste Wegstrecken bewältigen können und so einfach zu bedienen sein, daß selbst eine ungeübte Fahrerin mit ihm zurechtkommt. Es muß ausgesprochen gut gefedert sein, so daß ein Korb voll Eier eine Fahrt über holprige Feldwege unbeschadet übersteht.» Die ersten Prototypen hatten 1939 nur einen Scheinwerfer und keinen Anlasser, sie mußten mit der Hand angekurbelt werden. Der damalige Citroën-Chef sah darin kein Problem: «Das Auto ist für Bauern gedacht, und die sind alle verheiratet und haben eine Frau, die die Kurbel betätigen kann.»

Die Ente wurde zum Kultmobil. Das Fahren damit

war immer ein Abenteuer, kaum ein anderes Auto neigte sich dermaßen stark in den Kurven, und es ging das Gerücht, Citroën schenke demjenigen ein neues Fahrzeug, dem es gelingen sollte, den 2CV umkippen zu lassen. Die Ente fürchtete sich vor keinem Elchtest.

Nicht ganz so rustikal war der ebenfalls aus Frankreich stammende R4. Auch bei ihm wurden die Gänge mit der inzwischen legendären Revolverschaltung eingelegt. Konzipiert als Fünftürer, hatte er ein enormes Platzangebot – weder Käfer noch Ente konnte da mithalten – und war vor allem für Familien attraktiv. Wie die Ente wurde er später zum Lieblingsauto der Studenten, wobei Geisteswissenschaftler eher zum 2CV neigten, Naturwissenschaftler zum R4. Der hängte die Ente tempomäßig zwar locker ab, rostete allerdings auch schneller.

Der R4 war derart konsequent schlicht und praktisch gestaltet – Kritiker sprachen von der «höchsten Evolutionsstufe des Regenschirms» –, daß Renault ihn in der Werbung gar zum ersten wartungsfreien Auto erklärte. Dies stiftete Verwirrung: Gemeint war das Kühlsystem, die Käufer verstanden es anders. Viele R4 sahen deshalb eine Werkstatt erst, als es zu spät war.

Ohne Markenlogos könnte man einen Großteil der heutigen Autos kaum voneinander unterscheiden. R4, Ente und Käfer waren sogar aus der Entfernung eindeutig zu erkennen. Man wußte selbst dann, in welchem der drei Autos man gerade fuhr, wenn man die Augen schloß. Das allerdings sollte man nach wie vor besser bleibenlassen, zumindest solange man hinterm Steuer sitzt.

Status: aus den Augen, aber nicht aus dem Sinn …

Biese, Stützwäsche, Kummerbund et al. Reden wir nicht über Stoffe, Schnitte, Materialien, Moden oder Formen. Reden wir über Schlimmeres. Reden wir über die Wäsche unserer Großmütter. Kein schönes Thema, wenn man an die Leinen denkt, auf denen Oma ihre Leibtücher trocknete. Ein fleischfarbenes Meer aus synthetischen Fasern, die nicht etwa im Wind wehten wie feine Seide, sondern hin und her schwankten wie Bretter. Büstenhalter wie Fallschirme, Mieder, die aussahen wie die Eiserne Jungfrau, Stützwäsche, die der Fabrikation eines sadistischen Orthopäden entsprungen zu sein schien. Es waren harte Schilde, die vermuten ließen, daß Omas Fleisch Blasen, Beulen oder Buckel bildete, die im Zaum gehalten werden mußten. Hier probte die Textilindustrie im verborgenen, was später Polizisten bei Demos schützen sollte: Exoskelette, Panzerplatten, Knochenschutz.

Heute sieht man in den Sportclubs, die morgens die Rentner verbilligt an die Geräte lassen, nur noch ältere Herrschaften, die entweder in gestreiften Leggins oder legeren Stoffzelten auflaufen. Letzteres vor allem, wenn die Kultivierung von Speck klammheimlich zum Lebensinhalt geworden ist. Gequetscht, gepreßt oder versteckt wird da nichts mehr. Das erkennt man an ihrer Haut, wenn sie frisch entblößt aus der Umkleide zum Schwimmbecken wanken: Sie sind nicht mehr, wie einst unsere Omas, übersät von Furchen, die Fischbeinstäbe, Plastikstützen und geriffeltes Gummi hinterlassen. Ihre Körper wirken befreiter, ihre Gesichter oft nicht. Aber, immerhin, sie atmen tiefer.

Die Klage der typischen Frau aus dem Jahr 1968 – zumindest in der Fernsehwerbung – lautete noch: «Mein Hüfthalter bringt mich um!» Andere Folterinstrumente waren jahrzehntelang das Korselett (bedrängt Brust, Taille und Hüfte zugleich), Miederhose, Hosenkorselett und Taillenmieder. So wie Formfleisch uns als prachtvoller Schinken angeboten wird, so sollte die Stützwäsche die ideale Frau prägen. «Dabei hilft das Mieder», einer Werbebroschüre zufolge, «sowohl bei der äußeren als auch bei der inneren Einstellung. Bei einer Frau und bei einem heranwachsenden Mädchen fördert es zum einen die aufrechte Haltung, einen exakten Gang und ein anständiges Sitzen; zum anderen ist es hilfreich bei der Anerkennung von höhergestellten Autoritäten.» Nicht mehr viele, denkt man da, fühlen sich heute zur duckmäuserischen Preßwurst berufen. Denn das war früher: Caterina de' Medici, Königin von Frankreich, soll im späten 16. Jahrhundert von ihren Hofdamen erwartet haben, daß ihr Taillenumfang nicht mehr als dreißig bis neununddreißig Zentimeter beträgt. Zu schnüren hatten sie sich mit einem Sanduhrkorsett.

Doch Moden kommen und gehen. Vor der Erfindung der Strumpfhose nestelte die Damenwelt an ihren Strumpfhaltern und Ösen herum wie Roboter bei der Selbstreparatur. Heute finden wir das sexy. Die siebziger Jahre galten in den Neunzigern als allerabscheulichstes Jahrzehnt. Heute haben Hosen mitunter wieder Schlag. Latzhosen sind zumindest bei Wesen unter einem Meter Körpergröße immer noch sehr beliebt. Oder ihren Muttis. Nur Militaria wie Palästinensertuch und Bundeswehrparka (mit und ohne Haarbürste in der Brusttasche) sind weitgehend eingemottet. Dafür hat die einst so beliebte und günstige Soldatenhose aus dem Amishop als Cargobuxe mit Seitentaschen an den Oberschenkeln – und nun auch abnehmbaren Unterbeinteilen – in der Welt der Freizeitkleidung Einzug gehalten; wüsten-, wald- und mausfarbene Tarnmuster haben sich gar bisan die Grenze zur Galaveranstaltung herangepirscht.

Auch die Biese, mittlerweile nahezu völlig verschwunden, war irgendwann im Alltag zu sehen und zierte als dicker, aufgeklebter weißer Faden die Seitennaht mancher Jeans. Einst an Paradeuniformen und Trachten gang und gäbe, hätte sie eigentlich mehr Respekt verdient. Denn das Herstellungsverfahren in seiner traditionellen Variante erforderte das Geschick so manchen tapferen Schneiderleins. «Die wulstartige Verdickung des Nähguts zur Oberseite hin», so heißt es in einer Beschreibung von Fachleuten, «entsteht durch Hochdrücken des Stoffs über einen Führungsdorn und Vernähen mit zwei Oberfäden und einem gemeinsamen Unterfaden.»

Außerdem besitzen die wenigsten einen Biesenfuß und eine Overlock-↗Nähmaschine, die zur Biesenproduktion notwendig sind. Da geht man im Karneval doch lieber als Römer: Ein einfaches Bettuch und ein paar Lorbeerblätter reichen aus.

Tja, und dann gab es diese Papierjacken, die ab Mitte der siebziger Jahre auch mit Bildmotiv auf dem Rücken beliebt waren, wie etwa dem Weißen Hai. Die Fummel waren ein fasriger Kompromiß aus Papier und Stoff, Tyvek genannt, und sollten reißfest und feuchtigkeitsresistent sein. Ein Material, das heute nur von Pathologen der C.S.I. Gummersbach, Lackierern, Chirurgen und Reinraumarbeitern getragen wird.

Im Lauf der Jahrzehnte sahen wir etliche Kleidungsstücke den Weg alles Irdischen gehen. Die Älteren unter uns erlebten noch, wie Ende des 19. Jahrhunderts das Nachthemd für Männer vom Pyjama abgelöst wurde. Der Matrosenanzug für Kinder, zur Kaiserzeit Sinnbild eines selbstbewußten und weltgewandten Bürgertums, galt später als reaktionär. Auch Kummerbund, Vatermörder, Gamaschen und Sockenhalter sind unter Männern echte Raritäten geworden. Hüte wurden mittlerweile zu Basecaps. Für Einstecktücher gibt es in Trainingsanzügen keine Taschen mehr. Geschadet hat es der Menschheit nicht. Wer einmal das Prinzip der Achterbahn verstanden hat, wundert sich auch nicht mehr über das Auf und Ab der Dinge.

Die von Natur aus flexiblen Hosenträger zum Beispiel haben einen schier endlosen Konjunkturzyklus hinter sich. 1736 von Benjamin Franklin bei der Feuerwehr in Philadelphia eingeführt, erstreckte sich ihr Wirkungsraum bis hin zu Gordon Gekko aka Michael Douglas in dem Film «Wall Street» von 1987 («Wenn du einen Freund brauchst, kauf dir einen Hund!»). Mal sind Hosenträger en vogue, mal nicht. Derzeit sind kassenbebrillte Talkmaster, glatzköpfige Skins und bärbeißige Börsenmakler jedenfalls kein guter Leumund für dieses Kleidungsstück. Leggins und Muffe, Rüschenhemd und Norwegerpulli, Schürze und Schlafmütze – nichts im Reich der Mode ist so tot, daß es nicht in leicht abgewandelter Form wiederbelebt werden könnte. Aber verschwunden ist eben doch so manches …

An der Schwelle zum Herbst unseres Lebens bleibt uns nur ein sehnlicher Wunsch: Wir möchten die Renaissance einer Herrenmode erleben dürfen, die an Schönheit und Ausdruck von Manneskraft durch nichts zu überbieten ist. Es ist eine Mode, die vor über fünfhundert Jahren die Aristokraten Europas schmückte. Ehrlich gesagt, glichen sie darin Penisskulpturen auf Stelzen, und diese brachial sexuelle Note wird allein durch die weichen Namen dieser Kleidungsstücke wieder wettgemacht: Wir reden von Wams und Melonenhose. Letztere bildete eher riesenkürbis- als melonenartige Kugeln um die Oberschenkel und war mit zerfisseltem Hanf, Kleie oder Roßhaar gefüllt. Das Beste aber war die Entwicklung des Wamses im 16. Jahrhundert: Zum Wams gehörten nämlich Wampe und Wanst wie die Made zum Speck. Zur Not wurde das Wams sogar ausgestopft, um einen gewaltigen Bauch vorzutäuschen. Gänsebauch nannte man diese Pseudoplauze.

In der Frühen Neuzeit hatten die Menschen eine durchschnittliche Lebenserwartung von rund zweiunddreißig Jahren. Heute können Männer ab vierzig, bierbäuchig und weinselig, auf das künstliche Ausstopfen des Wamses ohne weiteres verzichten. Die Natur hat sich von selbst an diese Mode angepaßt.

Status: scheintot.

Bonanza Der Sonntag war Familientag, was nichts anderes bedeutete als Streit mit den Eltern und Streit mit den Geschwistern. Aber abends um 18.10 Uhr war alles vergessen. Die Familie saß vor dem Fernseher und wartete auf das Erscheinen ihrer Helden.

Schon die Titelmelodie führte zur sofortigen Ausschüttung von Endorphinen; die Karte der Ponderosa-Ranch wurde von züngelnden Flammen verschlungen, und dann kamen sie auf ihren Pferden direkt ins Wohnzimmer geritten: Adam, Hoss, Little Joe und Ben Cartwright, ihr Vater. Mit «Bonanza» strahlte das ZDF *das* TV-Serienereignis der siebziger Jahre aus. Die ARD hatte die Goldgrube (so die wörtliche Übersetzung von «bonanza», ein englisches Wort spanischen Ursprungs) nicht erkannt: Man hatte zwar in den Sechzigern sporadisch ein paar Folgen gezeigt, sich dann aber, wegen der

Das «Bonanza»-Herrenquartett 1973. Hoss mußte für dieses Bild mit einem Lastkran in aufrechte Position gebracht werden.

angeblich zu großen Brutalität der Serie, gegen eine weitere Ausstrahlung entschieden. Das ZDF griff zu und lag damit goldrichtig. Ab 1967 lief «Bonanza» dort zehn Jahre lang. Der amerikanische Sender NBC produzierte insgesamt 426 Folgen. Und «Bonanza» war die erste Westernserie, die von Anfang an in Farbe gedreht wurde. Sogar Kultregisseur Robert Altman führte in der zweiten Staffel Regie.

Für ein Wildwestepos kam «Bonanza» erstaunlich friedvoll daher. Es wurde weniger geschossen als bei «Rauchende Colts», einer Serie, die als direkte Konkurrenz in der ARD zu sehen war, und die meisten Prügeleien verliefen glimpflich für alle Beteiligten. Grundsätzlich lösten die Cartwrights ihre Probleme lieber ohne Gewalt. Fasziniert zeigte sich das Publikum von den engen Familienbanden auf der Ponderosa-Ranch. Während die Achtundsechziger den Generationenkonflikt in Straßenschlachten austrugen, ließen die Rancher aus dem Wilden Westen die deutschen Fernsehzuschauer an ihrem harmonischen Miteinander im Mehr-Generationen-Haus teilhaben. Allerdings war Lorne Greene, der Darsteller von Ben Cartwright, im wirklichen Leben auch «nur» dreizehn Jahre älter als Pernell Roberts, der seinen ältesten Sohn Adam gab.

Die Familiengeschichte der Cartwrights war zu seltsam. Alle drei Söhne waren von verschiedenen Frauen, von denen jede auf tragische Weise ums Leben gekommen war. Die Jungs hatten den Absprung von der Ponderosa-Ranch nie geschafft, wohnten immer noch bei «Pa». Sie verlobten sich nicht, heirateten nie; jede Frau, die einem von ihnen schöne Augen machte, starb aus ungeklärten Gründen oder verschwand auf mysteriöse Weise. Und in der Küche des Cartwright-Anwesens schwang ein geheimnisvoller Chinese mit Namen Hop Sing den Kochlöffel. David Dortort, der Produzent von «Bonanza», hatte auf der Ponderosa-Ranch eine reine Männerwelt erschaffen. Während in den meisten TV-Serien der fünfziger Jahre starke Mutterfiguren im Mittelpunkt standen, wollte Dortort den Mann wieder ins Zentrum rücken. Ein Vorhaben, das Hohn und Spott provozierte. Es entstand der Verdacht, die Cartwrights hätten eine der ersten Schwulen-WGs gegründet! Im Film «Tin Men» von Barry Levinson heißt es über Ben Cartwright: «Der 50jährige Vater und seine drei 47jährigen Söhne», und über seine drei Frauen: «Der hat es mit jeder einmal gemacht und sie dann umgelegt!»

Die Darsteller von «Bonanza» konnten mit dem Spott gut leben, sie hatten durch den Erfolg der Serie ausgesorgt. Kummer bereitete ihnen eher, als Schauspieler auf eine bestimmte Rolle festgelegt zu sein. Ben Cartwright war streng, aber immer gerecht und liebte seine Söhne über alles. Adam war ernst veranlagt, weswegen er auch meist in Schwarz gekleidet durch die Landschaft ritt. Eric hingegen, besser bekannt als Hoss, war der Gutmütigste von allen, stets liebenswert und sanft, immer an das Gute im Menschen glaubend. Er wurde vom 1,93 Meter großen und 136 Kilo schweren Koloß Dan Blocker dargestellt. Der von Michael Landon verkörperte Little Joe war der Jüngste der Cartwrights, ein Draufgänger und Frauenliebling.

Den ersten schweren Schicksalsschlag erlitt die Sippe durch den Ausstieg von Pernell Roberts (Adam). Er wollte nicht sein ganzes Schauspielerleben auf der Ponderosa-Ranch vergeuden. Doch erst in den achtziger Jahren gelang ihm ein erfolgreiches Comeback als «Trapper John, M.D.». Das endgültige Aus von «Bonanza» leitete dann der Tod von Dan Blocker ein. Als «Hoss» war er nicht zu ersetzen.

Lorne Greene kehrte in den achtziger Jahren noch einmal als Serienheld auf den Bildschirm zurück. In «Kampfstern Galactica» spielte er den Commander Adama. Am erfolgreichsten setzte Michael Landon seine Karriere fort. Er war Hauptdarsteller, Produzent und Regisseur der Serien «Unsere kleine Farm» und «Ein Engel auf Erden».

Alle «Bonanza»-Folgen wurden 1989 noch einmal auf Sat.1 und acht Jahre später auf Kabel 1 gezeigt. Aber «Bonanza» ist ein Kind der Siebziger, die einstige Begeisterung bei den Zuschauern blieb aus. Serien wie «Bonanza», «Daktari» oder «Raumschiff Enterprise» sind untrennbar mit den Kindheitserlebnissen einer ganzen Generation verbunden. Der Name «Bonanza» strahlte so viel Faszination aus, daß sich damit sogar eigenartige Fahrräder verkaufen ließen, in denen merkwürdige Teile wie der Bananensattel oder die sogenannte Pornoschaltung verbaut wurden. Dabei hatte das Bonanza-Rad eigentlich überhaupt nichts mit der Serie zu tun.

Um auch das letzte Nugget aus der TV-Goldgrube herauszuholen, kamen einige Fernsehproduzenten auf die phantasielose Idee, die Kinder der inzwischen verstorbenen Hauptdarsteller vor die Kamera zu zerren. 1987 erschien das unsägliche Machwerk unter dem Titel «Bonanza. Die nächste Generation». Auch die Bemühungen, mit dem Nachbau der Ponderosa-Ranch Geld zu verdienen, blieben langfristig ohne Erfolg. Der Vergnügungspark, in dem sich der Nachbau befand, mußte im Jahr 2004 geschlossen und verkauft werden. «Bonanza» ist nur noch TV-Geschichte.

Status: abgebrannt – wie die Karte der Ponderosa-Ranch.

Brieffreunde Er trug einen türkisfarbenen Strickpullover, der Wind zerzauste seinen an der Kante eines Topfes ausgerichteten Pony. In der Hand hielt er eine Hundeleine, an der ein Corgi zerrte. Hinter ihm stand sein Vater. Neben ihm seine Schwester. Er war mein, Volker Wieprechts, erster und einziger Freund in Großbritannien. Er hieß Brian. Das Foto hatte er seinem zweiten Brief beigelegt. Es hatte einen mindestens sechs Millimeter dicken weißen Rahmen. Brian hat nie eine Antwort bekommen.

Brieffreundschaften wurden vom Klassenlehrer angeraten. Sie böten, hieß es, die einzigartige Gelegenheit, sein Englisch im Schriftlichen zu verbessern und gleichzeitig «mehr über Land und Leute» zu erfahren. Man kann es gar nicht glauben, daß man mit so abgedroschenen Formeln überhaupt zu irgendwas motiviert wurde. Wurde man aber.

«Dear Brian. How are you? My name is Volker, I am 13 years old and I live in Berlin. I like the weather here. I do a lot of things. And what about you?»*

Auch Brians Antwort war nicht ohne:

«Dear Folker, I have a little sister and a dog. Next time I will send you a picture. How is the weather? I do a lot of things, too. I hope we become friends.»

Alles an diesem Schreiben war exotisch: das Papier, die Handschrift, der Urheber, die Briefmarke – eine Königin war darauf abgebildet und noch dazu so eine hübsche! Der Brief bedurfte einer Antwort, die denn auch vier Wochen später umgehend abgeschickt wurde. Schon wurde der Stil schwungvoller, die Ansprache direkter:

«Dear Brian, today is Wednesday. Tomorrow we have hiking day. We go in the woods. That is funny. Do you have a lot of woods?»

Zweifellos würde Brian die subtile Anspielung auf das Leben Robin Hoods verstehen. Und vertraulich endete der Brief mit der Unterschrift: «Your pan friend». Dein Pfannenfreund. Man kam aber auch leicht durcheinander; «pen friend», das war das englische Wort.

Auch im Osten enthielten die Briefe aus der ehemaligen Sowjetunion selten aufwühlende Erkenntnisse.

* Aus Rücksicht auf den Leser wurde der Brief von Rechtschreibfehlern befreit.

Aber die Aufgabe dieser Art von Briefwechsel bestand ohnehin nicht darin, die Empfänger in Ekstase zu versetzen. Er sollte dem Weltfrieden dienen. So jedenfalls wollte es Neil O'Donnell aus Dublin, der 1967 die Organisation IPF, International Pen Friends, gründete. Seine Erfahrungen im Zweiten Weltkrieg lehrten ihn: Wem man schreibt, den erschießt man nicht – eine Einsicht, die wir aus eigener Erfahrung bestätigen können.

Das nahende Ende aller Brieffreundschaften geht naturgemäß mit dem Nachlassen des Briefverkehrs einher. Die Pharaonen hatten noch Geld, Zeit und Muße, ihre Ansichten und Begehrlichkeiten in Tontafeln kratzen zu lassen. Voltaire soll täglich bis zu achtzig Briefe ausgestoßen haben. Einst dokumentierte man darin komplexe Sachverhalte und Philosophien; Gefühlswelten wurden ebenso verschriftlicht wie Reiseeindrücke.

Wer je geliebt hat, hat Liebesbriefe verfaßt. Sie atmen Ewigkeit. Liebesbriefe sind wie der Spiegel, in den Schneewittchens Stiefmutter starrt, um in Erfahrung zu bringen, ob im ganzen Land irgendwer schärfer ist als sie. Nur, daß der Liebesbrief immer antwortet: Frau Königin, Ihr seid die Schärfste hier. Punkt. Ende der Aussage. Kein weiteres Gewese um eine Trulla im Zwergenland, die man mit Obst aus kontrolliert nichtbiologischem Anbau entsorgen muß.

Das letzte bißchen Vertrauensseligkeit schwitzen Füller heute nur noch unter Verträgen aus. Kaum einer kann ohne Delete-Taste leben. Aus Angst vor Fehlern und Überforderung nimmt also nicht nur die Zahl der Briefe ab, sie werden auch noch kürzer. Zum Vergleich: Früher hieß es «verbleibe ich mit dem Ausdruck vorzüglichster Hochachtung, in der Hoffnung, Sie und Ihre Familie daselbst in bester Gesundheit und dem Verfasser dieser stilistisch bescheidenen Zeilen wohlgewogen vorzufinden, als Ihr Sie in allerbester Erinnerung bewahrender Gottlieb Fröhlich von Schmalzbach». Heute sagt ein Tschüs mehr als tausend Worte. Telefon und Computer machten dem Brief allmählich den Garaus. Anzüglichkeiten werden von Interface zu Interface in Chatrooms ausgetauscht und E-Mails nur in den allerseltensten Fällen dazu genutzt, Freundschaften elegisch zu vertiefen.

Nur wenige Senkrechte stehen noch da wie ein I, die letzten Tapferen, die sich der Wucht und den Anforderungen einer Brieffreundschaft stellen. Früher fanden sie sich per Anzeige in Zeitungen, Comics oder Jugendzeitschriften. Heute knüpfen sie ihre Kontakte übers Internet. Hier ist eine von ihnen, nennen wir sie Jutta.

«Hallo, mein Briefkasten und ich sind auf der Suche nach netten Leuten, die mal ein wenig Abwechslung in den ‹Briefalltag› aus Rechnungen und Werbung bringen. Geht es Dir auch so? Ich bin verheiratet und habe drei Kinder im Alter von zwei bis neun Jahren. Außerdem gehören zu unserem Haushalt noch ein Hamster und einige Fische. Meine Hobbys sind lesen, stricken, Briefe schreiben und basteln. Ich würde mich freuen, wenn Du Lust hättest, eine Brieffreundschaft mit mir zu beginnen. Liebe Grüße und bis bald.»

Möchte man da nicht umgehend antworten? Sehen

nicht auch Sie sich gerade nach einem Stift, Füller oder Griffel um?

«Liebe Jutta, wir sind uns so ähnlich. Ich bastel auch so gerne an mir und anderen rum. Dann füttere ich meine Kinder mit Fisch- und Hamsterstäbchen. Nebenher verstricke ich mich auch sehr gerne in leidenschaftliche Affären mit den Typen, die meine Briefkästen immer mit Werbeprospekten vollstopfen. Uuh. Schreib! Mich! Voll!»

Leider bleiben für einen so warmherzigen Austausch von Mensch zu Mensch in dieser kalten, hektischen Zeit kaum Muße und Gelegenheit.

Status: abgeschrieben.

Compact Cassette Die Geschichte eines Tonträgers kann nur mit Musik beginnen: Der erste Song, den man auf eine Compact Cassette aufgenommen hat, bleibt unvergeßlich. Ob «Wish You Were Here», «Stairway to Heaven» oder «Rock Me Amadeus». Ein ewiges Chromdioxidband der Sympathie – gekoppelt an drei Minuten höchster Anspannung, hervorgerufen durch die Angst, der Moderator könne den Song am Ende nicht richtig ausspielen. Denn Cassetten-Aufnehmen bedeutete von den frühen Siebzigern bis in die späten achtziger Jahre des letzten Jahrhunderts auch immer: Radio hören. Und in der deutschen Rundfunklandschaft war es sehr schwer, die englischen Rock-und-Pop-Trüffel zu finden. Meist männliche Heranwachsende verbrachten so Stunden in leguanhafter Starre vor dem Recorder, um vielleicht doch das eine oder andere brauchbare Stück Musik auf Band zu bannen. Und dann, wenn einmal Roxy Music oder George McCrae aus dem Monolautsprecher erschallte, von David Bowie ganz zu schweigen, kam das jenem Gefühl gleich, das ein Mensch haben muß, der eines von sechs im Bayerischen Wald versteckten Ostereiern findet. Also ein Ereignis mit der gefühlten Wahrscheinlichkeit von eins zu dreizehn Milliarden. Den ganzen Tag nur Mireille Mathieu, der Rundfunk ein einziges Jammertal bis zur Baumgrenze mit den Cindys & Berts dieser Welt vollgestopft. Inmitten dieser deutschtümelnden Ödnis tauchte er auf, der Beat des Besonderen.

Natürlich verpaßte man dann trotz höchster Konzentration den korrekten Einsatz der roten Record-Taste, aber das störte niemanden. Verstümmelte Satzenden des Moderators vor ewig lange eingeblendeten Liedern? Kein Problem! Wortbrocken zwischen zwei Stücken? Leicht zu ignorieren! Gejaule oder Gleichlaufschwierigkeiten des Recorders? Warum denn nicht! Alles nicht der Rede wert. Korrigierend griff man nur ein, wenn man aus Versehen bei einem zutiefst verhaßten Stück voreilig auf Aufnahme gedrückt hatte. Dann hieß es: Stopptaste betätigen, Cassette herausnehmen, mit einem Kugelschreiber das Band ein paar Zentimeter zurückdrehen und (so sprach man damals): «Fertig ist die Laube!»

Selbst Bänderrisse nebst Bandsalat, gerade und sogar

bei den teuren Chromdioxidcassetten, wurden frei nach dem alten medizinischen Sinnspruch «Amputation ist die Krone der Chirurgie!» kuriert: Man entriß das Bandgekröse den primitiven technischen Eingeweiden des Recorders, entfernte schadhaftes Material durch einen beherzten Diagonalschnitt mit der Nagelschere und legte die beiden wunden Enden paßgenau auf der haftenden Seite eines Klebestreifens aneinander. Überflüssiges Klebeband wurde anschließend entfernt. Auf diese Art gelang es bereits 1973 vielen Pubertierenden, den Song «Lady in Black» von Uriah Heep zu retten – und dabei nur einen Baßlauf sowie die Gesangspassage mit dem langgezogenen «Aaaaaaaah, aaaaaaah» zu verlieren. Verkraftbar und etwas, wofür der Produzent ohnehin von Anfang an hätte sorgen müssen.

Aber nicht nur Reparatur, sondern auch Wartung und Pflege der kostbaren Besitztümer erforderten ungeheure Umsicht. Immerhin mußte man für eine gewöhnliche C-60-Cassette das Taschengeld von drei Wochen investieren. Argwöhnisch beobachtete man die Beschaffenheit des Bandes unter dem mit der Zeit immer trüber werdenden Plastikfenster; wenn die Anzahl der kleinen Erhebungen zu groß wurde, galt es, das Band gründlich durchzuspulen. Belohnt wurde man nach minutenlangem Gewarte mit einem tadellosen runden Bandkuchen.

Ferner reinigte man regelmäßig die Tonköpfe seines Recorders. Eine sehr befriedigende Tätigkeit, nicht nur den Werkzeugen nach dem Entfernen von Ohrenschmalz vergleichbar. Den Tonkopf juckte es zwar nicht, aber die entfernten Substanzen auf dem Wattestäbchen zu betrachten hinterließ ein Gefühl von Sinnhaftigkeit und Erleichterung. Nach dieser mechanischen Säuberung jagte man meist noch eine Entmagnetisierungscassette (ganz schwarz und ohne Sichtfenster!) durch und war sich sicher, seinem Nordmendeholzfurniermonocassettenrecorder durch diese liebevollen Wartungsarbeiten nun glasklare Töne oberhalb der 30 000 Hertz entlocken zu können, selbst wenn dieser laut Herstellerangaben nur einen Frequenzbereich bis 12 000 Hertz hatte.

Die Cassette ist Jahrgang 1963, ein echter Babyboomer. Stolz wurde sie in Deutschland den Konsumenten auf der Berliner Funkausstellung präsentiert. Kostenpunkt samt dazugehörigem Gerät: 299 Deutsche Mark. Damals für Normalsterbliche sicher ebenso unerschwinglich wie die sagenhaften Reineisenbänder, von denen es immer hieß, sie seien absolut unzerstörbar.

Cassetten waren wie viele technische Neuerungen vornehmlich Spielzeug technophiler junger Männer. Mädchen hatten einfach einen Recorder und mußten niemals selber Cassetten aufnehmen, da sie von verliebten Burschen permanent mit Mix-Cassetten beschenkt wurden. Der Minnesang kehrte in den siebziger und achtziger Jahren in Gestalt der Mix-Cassette zurück. Die Hüllen gestaltete man für gewöhnlich mit Werbebildern aus der Illustrierten. So konnte es jede Cassette nur einmal geben. Das Kunstwerk in den Zeiten seiner Reproduzierbarkeit wurde wieder einzigartig und zum größten Geschenk, das man seiner Angebeteten machen konnte.

Nur die Beschriftung war ein Riesenproblem. Sosehr man sich auch vornahm, sauber zu schreiben, spätestens ab Stück sieben wurde die Schrift unruhig. Und als man dann zum ersten Mal die Innenhülle einer Cassette in die Schreibmaschine einspannte, vertippte man sich so blöd, daß trotz Intensiveinsatzes von Tipp-Ex (auch das möge in Frieden ruhen) kein verschenkbares Ergebnis erzielt werden konnte. Ohnehin war es damals – Opa erzählt vom Krieg! – ungemein schwierig, Bandname und Songtitel herauszufinden und dann auch noch richtig zu Papier zu bringen. Das Englisch reichte meist nicht. So wurde aus dem Bee-Gees-Song «Massachusetts» nicht «Meßetjusitz», sondern dem Refrain gemäß «In the lights» beziehungsweise – bar aller Englischkenntnisse – «In the Leitz». Ein Song über Büroordnungssysteme, warum nicht? Verrückte australische Band!

Eine Verschmelzung von handwerklichem Geschick und Liebesbeweis war die One-Song-Endlos-Cassette. Dazu nahm man auf Seite A den einen und wichtigsten Song auf, der Gefühle und Bewunderung für Tanja, Martina, Claudia, Kathrin, Sonja und so fort ideal ausdrückte, beschnitt dann am Ende dieses Songs das Band mit der Nagelschere, warf circa 56 Minuten in den Müll und bespielte nun auch Seite B mit demselben Song. Hierzu bot sich romantisches und unverfängliches Liedgut an, das Extrabreit-Stück mit dem Refrain «Annemarie, bitte fick mit mir!» versteckte man besser auf einem Sampler mit mindestens zwei Dutzend anderen Liedern. Auch und besonders, weil damals die meisten Mädchen eben nicht Annemarie hießen. Für all die Judiths dieser Welt gab es von ABC die Frage «Who broke my heart?» und das darauf folgende Gejohle: «You did, you did!» Das war doch schwer romantisch, und dafür konnte man sich auf der Schule schon mal auf die Suche nach einer Judith machen.

Wo sind all die Aufnahmen hin, die Bänder, die Mix-Cassetten? Bis vor ein paar Jahren waren die Flohmärkte noch voll davon. Allein der niederländische Konzern Philips hat in den besten Zeiten bis zu 220 Millionen Leercassetten im Jahr produziert. Die können doch nicht alle in Afrika oder Asien in Gebrauch sein, wo der Cassettenmarkt weiterboomt. Irgendwo müssen Millionen dieser Tonträger feststecken in mit Dispersionsfarbe bekleckerten Radiorecordern oder auch in Handschuhfächern. Alle in der Müllpresse? Unendlich wertvolle Erinnerungen müßten da zu bergen sein …

Neben dieser liebesstiftenden Funktion war die Cassette aber auch für echte Konflikte und Dispute gut. Denn ihre Nutzer quälten substantielle Fragen: War nun BASF, TDK oder Maxell zu bevorzugen? Vertrug sich ein Nakamichi-Recorder mit TDK-Cassetten, obwohl Nakamichi Maxell-Cassetten empfahl? Sollte man auf C-120-Cassetten trotz der langen Aufnahmedauer lieber verzichten, weil das Band dünner und damit anfälliger war? Konnte man nach der Einführung der klaren Plastikhülle noch seine schwarzen, grünen, gelben und orangefarbenen Cassetten einsetzen, obwohl die nun alt und häßlich waren? Und natürlich die Frage aller Fragen:

Chromdioxid oder Ferro? Konflikte, Dispute, die nie einer objektiven Wahrheit zugeführt werden konnten, Gefechte, die man voller Freude und Hingabe führte und deren großartige Irrelevanz alle drei Monate den Kauf eines «Audio»-Sonderhefts für sieben Mark rechtfertigte.

Die Cassette ist Höhe- und Wendepunkt in der Geschichte des Tonträgers. Sie ist der letzte analoge Träger, dem durchschlagender Erfolg vergönnt war. Sie hat viele Babyboomer mit den ersten Auswirkungen von Markenpiraterie und Globalisierung bekanntgemacht, als man im Sommerurlaub in Spanien, Jugoslawien oder Griechenland für umgerechnet 2,50 Mark Beatles- oder Rolling-Stones-Cassetten kaufte (Original-K-tel-Cassetten kosteten immerhin 19,90 Mark), die sich, wie man dann zu Hause feststellte, zwar melodisch grob an den Songs orientierten, aber mit Mick Jagger, Paul McCartney oder John Lennon nichts zu tun hatten. Es sangen dort nämlich Mickis Jaggeoratidis oder Juan de Lennogones. Und man war damals wirklich richtig empört über diesen Betrug! Besonders ärgerlich, wenn man sich in der Euphorie gleich fünf solcher Schnäppchen gekauft hatte. So lernte man wenigstens früh eine Lektion fürs Leben: Das Schnäppchen von heute ist der Müll von morgen!

Die Cassette hat kulturelle Praxis präfiguriert: Einmal die Woche wurde die John-Peel-Session aufgenommen, ungeschnitten, eine ganze Stunde Musik mit Moderation. Und in den folgenden sieben Tagen reichte man das heilige Tape herum, kopierte es, falls jemand – und das war pro Jahrgangsstufe immer nur ein Heiland! – einen Doppelcassettenrecorder besaß; nie zuvor war es so preiswert und technisch so einfach, Musik zu reproduzieren. So gesehen ist die Cassette ein echtes Kind der europäischen Sozialdemokratie der sechziger Jahre. Kein Wunder, daß sie in Holland erfunden wurde. Mehr Gleichheit ging nicht: Sie war immer Kopie, egalitäres Rüstzeug der Massen. Die Schallplatte dagegen blieb ein Original, Mittel der Distinktion und Zeichen des Wohlstands.

Als sie dann vom Recorder in den Walkman verbannt wurde, hat die Cassette zugleich die Bedeutung von Musik verhöhnt, das Prinzip des gemeinschaftlichen Hörens unterminiert, selbst wenn der erste Walkman noch zwei Kopfhörerbuchsen hatte. Insofern steht sie auch für den Niedergang der Musik: ein analoger iPod, der Kommunikation über Musik unmöglich und unnötig machte.

Was man im digitalisierten Zeitalter gern vergißt: Die Cassette war ein Vierteljahrhundert lang echte Avantgarde und das verläßlichste Speichermedium unseres Planeten. Noch Anfang der Achtziger fand sich beim ersten Homecomputer Commodore VC 20 ein beigefarbener Cassettenrecorder im Einsteigerpaket mit einer normalen Cassette als Speicherplatz; und im Gegensatz zu vielen hochsensiblen Datenbändern von Pentagon-IBM-Rechnern lassen sich Cassetten auch heute noch relativ problemlos dazu bringen, daß sie uns ihren digitalen Inhalt offenbaren. Das mag nicht immer von musikalischem Gewinn sein, aber beeindruckend ist es allemal, wie durch magnetische Partikelausrichtung auf hauchdünnem braunem Metallband Informationen erhalten bleiben. Ja, eigentlich ist das viel beeindruckender als ein Mikrochip. Wie der funktioniert, weiß ja heute jedes Kind.

Status: überspielt.

Cowboys Ein Mann aus Taiwan ist schuld. 2006 erhielt er auch noch einen Oscar für seine Meuchelei, dafür, daß er dem Mythos hinterrücks den Garaus machte. Fünf Jahrzehnte hatten ein Furchengesichtiger und andere Schnauzbärte auf Werbeflächen kundgetan, ein echter Kerl bräuchte kaum mehr als ein Pferd, Abenteuer, die Weite der Prärie und abends eine Marlboro. Freiheit eben. Der Regisseur Ang Lee nun, von dem eingangs die Rede war, schaffte mit seinem Western «Brokeback Mountain» (2005) diesen eindeutigsten aller Charaktere kurzerhand ab. Seine Cowboys waren anders als der Marlboro-Mann (➶ Raucher), sie darbten und schmachteten, sie verzehrten sich und drohten zu zerbrechen: nicht etwa nach Monaten des Viehtriebs fern jeder Kernseife am eigenen Körpergeruch. Nein, der Liebe zu einem anderen Mann wegen. Ein Skandal.

Schluß, aus, Ende, *goodbye* und *so long*. Vorbei waren die Zeiten, in denen man den unrasierten Jungs, die keinen Schmerz kannten, durchweg bewundernd zusah, wie sie abends, in Roßhaardecken gewickelt, versonnen ins knisternde Feuer starrten und über nichts anderes sinnierten, als Kühen Schlingen um den Hals zu legen und bösartige Indianer mit Blei vollzupumpen. Der Lonesome Rider war zum leidenden Lover geworden. Homophobe Zuschauer wollten fortan am Lagerfeuer nur noch auf dem Rücken schlafen, und Amerikas konservative Presse befürchtete das Schlimmste. «Man kann den islamistischen Terror nicht mit schwulen Cowboys bekämpfen!»

Vielleicht ja aber auch nur so.

Das 20. Jahrhundert hatte anfangs in Schrift, Bild und Ton alles getan, um den wichtigsten und härtesten Berufsstand Amerikas nach 1850 zu glorifizieren. Und dementsprechend verhielten wir Jungs und Männer uns. Der Homo fumans equitansque – der reitende und rauchende Mensch also – war uns stets eine Zuflucht: Zu Fasching trugen wir seine Weste, seinen Hut, seinen Bart, seine Waffen. Im Alltag imitierten wir sein Gehabe, indem wir stoisch schwiegen und den imaginären Hut tief ins Gesicht zogen, wenn wir einen Eintrag ins Klassenbuch kassierten. Wir schossen, wenn auf uns geschossen wurde. Wir harrten aus und litten still. Unsere Zeit würde kommen. Frauen standen auf Typen wie uns, überall hörte man sie rufen, daß sie 'nen Cowboy als Mann wollten.

Hier und da starben wir zwar am Marterpfahl, während unsere Freunde mit Plastiktomahawks unsere Kopfschwarte, sprich den Skalp, zu entfernen suchten. Doch die Cowboys blieben immer Sieger. Auch wenn die Indianer durchweg besser angezogen und zweifellos die originelleren Tänzer waren. Wir trieben sie auf dem Schulhof zusammen wie der Wind die Ballen aus Gras und Geäst – Steppenhexe, Steppenläufer oder Tumbleweed genannt.

Erste Erosionen in der phantastischen, gewalttätigen inneren Abenteuerlandschaft waren auf Filme zurückzuführen. Daß Old Shatterhand (aka Lex Barker) aussah wie Kurt Georg Kiesinger (aka Häuptling gespaltene Zunge), dieses Bewußtsein nagte an uns. Außerdem: Winnetou – ein Franzose! Das war auch nicht leicht zu verkraften.

Dann folgten die teilweise klamaukigen Italowestern, allen voran: «Mein Name ist Nobody» mit Terence Hill. Was die an ernstzunehmender Substanz noch übrigließen, ritt die «Bild»-Zeitung in einer Werbekampagne zuschanden: 2004 saßen Old Shatterhand und Winnetou auf ihren Gäulen, sahen in die Ferne, gaben einander Händchen und hauchten: «Ich hab dich lieb!» – «Ich dich auch!» Winnetou wurde ferner auf Betreiben der Werbeagentur Jung von Matt genötigt, sich dazu zu bekennen, jeden Tag das Blatt des großen weißen Mannes zu lesen.

Auch hießen tapfere Westernhelden inzwischen Django und tauchten in Witzen auf, in denen sie in Bussen Monatskarten vorzeigen mußten, oder trugen als Lucky Luke auf der Suche nach den bescheuerten Daltons ihr Pferd durch die Gegend. Wie doof ist das denn?

Egal. Wir hielten dem Mythos unbeirrt die Stange, wenn auch mit letzter Kraft. Wir waren ein bißchen Lederstrumpf, ein bißchen Kettenraucher, und ganz tief

Kulissenhalter beim Cowboyfilmdreh.

drinnen schwankten wir zwischen Billy the Kid und Little Big Man Dustin Hoffman. Probehalber identifizierten wir uns mit jedem schießwütigen Western-Wesen. Nur mit dem in Südamerika seines viehischen Amtes waltenden Gaucho nicht; ich sage nur: Wickel- beziehungsweise Pluderhosen. Wie peinlich!

Doch 2005, mit «Brokeback Mountain», war es endgültig soweit: Der Cowboy in uns gab den Geist auf. Heath Ledger und Jake Gyllenhaal gingen zum Knutschen in die Häusernische. Unser Männerideal – ohnehin geschwächt von Lungenkrebs, zahllosen vernarbten Schußwunden sowie pathologischer Gefühlsunterdrückung – versteckte sich vor der bösen Welt. Vor Schreck hielten wir uns die Augen zu und griffen uns an die Brust. Wir sahen auf die Uhr: High Noon. Das Spiel war aus.

Status: der letzte Mohikaner.

Don Kosaken Chöre «Grüß dich, Väterchen, herrlich stiller Don / unser Ernährer, du, Don Iwanowitsch ... meine hellen Falken, die Kosaken vom Don / spült sich ab ohne sie mein Uferland / rinnt herab ohne sie viel gelber Sand.»*

Hä?

Wie Sie sehen: kein leichter Stoff, so ein Kosakenschwank. Bis ins hohe Jugendalter warf mancher zudem

* Auszug aus einem alten Kosakenlied, zitiert nach: Emilian Klinsky (Hg.), Vierzig Donkosaken erobern die Welt. Leipzig 1933.

in einen Topf, was, wenn überhaupt, nur getrennt zu genießen ist: die Don Kosaken und Don Juan. Oder brachte beide mit Don Pérignon in Verbindung. Letzterer entpuppte sich peinlicherweise später auch noch als Dom. Doch wie hätte man es besser wissen können? Vom Treiben eines Don Juan blieb man als Mann ziemlich unberührt, der Dom Pérignon war unerschwinglich, und die Don Kosaken hausten einmal jährlich um die Weihnachtszeit in den Stadthallen von Unna und Esslingen. Das war nichts für Beatles-Fans.

Lieder so süß und schwer wie kristallisierter Wildblütenhonig. Tante Hedwigs Herz wurde beim Klang dieser Chöre unruhig und ihr Gang so tapsig wie der eines unter Hospitalismus leidenden Braunbären. «Irgendwoher erklingt schwermütiger und vertrauter Gesang. Ein russisches Lied. So singen die Felder, so singt die Ferne, so singt die russische Seele», beschrieb ein Mitglied des einzig wahren Don Kosaken Chors – des Don Kosaken Chors Serge Jaroff – das kehlige Wirken. Wild, melancholisch und besessen von gerechtem Zorn – die kampferprobten zaristischen Elitegarden hatten es drauf. Eins, zwei: Wodka rein! Drei, vier: Säbel hoch! Fünf, sechs: in die Knie! Sieben, acht: Kalinka-kalinka-kalinka-moja! 1920 vertrieb die Rote Armee die Don Kosaken aus ihrer Heimat; viele der einst hochgeschätzten, aber politisch wankelmütigen Reiter emigrierten nach Frankreich, andere suchten Zuflucht auf der Krim, wieder andere wurden in der Nähe von Istanbul interniert. Unter ihnen der begnadete Chorleiter Serge Jaroff.

«Der Bürgerkrieg», schilderte Jaroff später seine Flucht, «sah mich ... schwächlich, abgemagert, den Kopf von überstandener Krankheit kahlgeschoren ..., in den Reihen der Kosaken. Als nach heldenhaftem Ringen mit den Bolschewisten ihr Schicksal besiegelt war, verließ ich mit ihnen die geschändete Heimat und kam nach Konstantinopel.» Obschon entkräftet und entwaffnet, schmetterte er der Welt zusammen mit vierzig Männern sein heimwehkrankes «Hurra, wir leben noch!» entgegen. Die Sangeskunst kam an. Nicht nur bei russischen Exilanten. Österreich, Schweiz, Frankreich, Italien, Deutschland: Überall fand der Chor sein Publikum. 1925 gab es erste Schallplattenaufnahmen, bis zu zweihundertfünfzig Konzerte pro Jahr absolvierte Jaroff. Ein Welterfolg. Gefeiert vor allem dort, wo der Abgesang des Kommunismus gerne gehört wurde. Der Don Kosaken Chor, der nach Ausbruch des Zweiten Weltkriegs seinen Sitz in New York nahm, fungierte wie ein im Ausland deponierter melodischer Genpool: Russische Gesänge, Folklore und volkstümliche Weisen wurden fern von Moskau bewahrt, während in der Sowjetunion Pioniergesänge ertönten, die den neuen Menschen, den Großen Vaterländischen Krieg und Juri Gagarin feierten. Die Mannen des Don Kosaken Chors Serge Jaroff erhielten später die amerikanische Staatsbürgerschaft. Nach Jaroffs Tod, er starb 1985 im US-Bundesstaat New Jersey, zerfiel der Originalchor.

Das Erfolgsmodell Don Kosaken Chor aber wurde – auch zuvor schon – unzählige Male kopiert: Allein 1996 traten achtundvierzig Kosakenchöre, mit Bärenfellmützen Kasatschok tanzend, auf Deutschlands Bühnen auf. Ein Chor gar abwechselnd als Don Kosaken Ensemble und als russischer Mönchschor. Der Großteil seiner Mitglieder stammte nicht vom Ufer des Don, sondern wies ganz ausgezeichnete Polnisch- und Bulgarischkenntnisse auf. Die Ehrlicheren unter diesen Formationen nennen sich daher Schwarzmeer-Kosaken oder Wolga-Kosaken.

Eine solche Truppe war es, die der ehemalige Bundeskanzler Gerhard Schröder am Abend seines sechzigsten Geburtstages im Hannoveraner «Theater am Aegi» sah. Am 7. April 2004. Sein Busenfreund Wladimir Putin hatte ein Balalaikaorchester und einen Kosakenchor einfliegen lassen: Die Kosaken sangen unter anderem das Niedersachsenlied: «Wir sind die Niedersachsen, sturmfest und erdverwachsen, / Heil Herzog Widukinds Stamm!»

Das hätte Putin auch günstiger haben können. Es gab doch bis zum Februar 2008 noch Hans Rolf Rippert, den Ein-Mann-Kosakenchor, wie er leicht spöttisch genannt wurde. Hans Rolf Rippert war gebürtiger Berliner, genauer: Spandauer, Baßbariton und unsereinem aus dem TV-Vierteiler «Der Kurier des Zaren» bekannt. Aber auch nur deshalb, weil für Kinder alle Vollbärtigen gleich aussehen und Raimund Harmstorf von Hans Rolf Rippert nicht zu unterscheiden war. Ansonsten mieden wir ihn im Fernsehen wie der Hippie den Friseur. Erfolglos. Als Ivan Rebroff ließ er mit seiner vier Oktaven umfassenden Falsettstimme den Kellergeister-Schaumwein im Römerglas mal in der ARD, mal im ZDF erbeben. Keine der verhaßten Operetten und Schmonzettensendungen kam ohne ihn aus. Selbst bis nach Rußland hat Rebroff es geschafft. Im Zeichen von Glasnost und Perestroika servierte er 1988 als Vorbote des Raubtierkapitalismus den Russen ihre eigenen Volkslieder.

Reaktionen sind nicht überliefert.

Status: ausgesummt.

Dunkelkammer, Polaroid, Blitzwürfel etc. Ein junger, attraktiver Fotograf beobachtet im Park heimlich ein Liebespaar und fotografiert es mit einem Teleobjektiv. Als er später die Bilder entwickelt und Ausschnitte vergrößert, entdeckt er auf den stark körnigen Schwarzweißaufnahmen eine Pistole – und eine Leiche. So beginnt Michelangelo Antonionis Film «Blow Up» von 1966, der im «Swinging London» spielt.

Fotografie war damals eine Kunstform; auch Hobbyfotografen, die etwas auf sich hielten, entwickelten ihre Bilder selbst. Stunden verbrachten sie in Badezimmern oder Kellern, die zu improvisierten Dunkelkammern umgebaut worden waren und in denen es penetrant nach Essig roch (dem Stoppbad, in dem man den Entwicklungsprozeß beendete), um bei rotem, funzeligem Licht zu beobachten, wie sich in der Entwicklerschale langsam Konturen auf dem Fotopapier abzeichneten. Das war der magische Moment; nun entschied sich, ob es gelungen war, die Freundin so auf den Film zu bannen, daß sie besser aussah als in Wirklichkeit. Falls ja, war sie glücklich und man selber ein großer Fotograf, der von richtigen «Models» träumen durfte.

Die Vergrößerungsapparaturen, meist von den Firmen Durst oder Kaiser, wurden mit Zeitschaltuhren betrieben, und um die korrekte Einstellung der Blende und der Belichtungszeiten zu ermitteln, mußte man für jedes Negativ einen Belichtungsstreifen erstellen. Nachbearbeitungen von Fotos waren nur in der Dunkelkammer möglich. Hier konnte man Gegenlichtaufnahmen durch «Abwedeln» korrigieren oder künstlerische Effekte wie die «Solarisation» experimentell erproben. Es war auch eine gute Methode, das mißlungene Foto der Freundin aufzupeppen – kurz nachbelichten, und schon bekam es einen silbernen Schimmer. Das veredelte so ziemlich alle Motive, indem es ihnen einen künstlerischen Touch verlieh.

Der Fotograf Nadar hatte bereits 1856 erkannt: «Die Fotografie ist eine wunderbare Entdeckung, eine Wissenschaft, welche die größten Geister angezogen, eine Kunst, welche die klügsten Denker angeregt hat – und doch von jedem Dummkopf betrieben werden kann.» Aber nur reiche Dummköpfe konnten es sich leisten, einfach draufloszufotografieren: Filme waren teuer – eine handelsübliche Filmpatrone reichte für bis zu sechsunddreißig Aufnahmen, dann mußte nachgeladen werden –, daher wurden Bilder regelrecht komponiert, häufig nach dem Motto: «Jetzt alle mal etwas nach hinten, herschauen … und Cheeeeese!»

In einigen Familien wurde die Kamera nur einmal im Jahr, zu Weihnachten, herausgekramt. So entstanden Filme, auf denen immer dieselben Personen vor einem Tannenbaum zu sehen waren. Nach etwa fünf Fotos war ein anderer Baum zu sehen, und die Personen schienen um ein Jahr älter geworden zu sein – perfekte Dokumente des menschlichen Verfalls, zu Tausenden sorgfältig in Fotoalben eingeklebt.

Da nur die wenigsten eine Dunkelkammer hatten, wurden die meisten Bilder im Fotolabor entwickelt. Und das konnte dauern. Teilweise waren die Aufnahmen von einem einwöchigen Urlaub erst nach vierzehn Tagen fertig. Nervös ging man alle paar Tage mit seinem Kontrollabschnitt in den Laden, um nachzufragen, ob die Bilder endlich da seien. Kein Wunder, daß nicht nur Kinder in den siebziger und achtziger Jahren von einer Polaroidkamera träumten. Bei der konnte man, gleich nachdem man abgedrückt hatte, zusehen, wie die Aufnahme sichtbar wurde. Um den Prozeß zu beschleunigen, wedelten manche mit dem Foto wild in der Luft herum, andere deckten es mit der Handfläche ab, wieder andere pusteten bis zur Atemnot auf das Papier – und machten sich so ganz schön zum Deppen, denn nach Aussage von Polaroid hatten all diese Maßnahmen überhaupt keinen Einfluß auf die Bildentwicklung. Es war aber auch die teuerste Art, Fotospaß zu haben, ein Polaroidfilm mit zehn Aufnahmen und drei Blitzwürfeln kostete um die dreißig Mark.

In «Blow Up» hat Antonioni die Grenzen zwischen

Realität und Phantasie verwischt. Niemand wollte wissen, ob sich ein Mord ereignet hatte oder nicht. Am Ende des Kinoklassikers spielen Pantomimen Tennis ohne Bälle. Heute fotografiert man ohne Filme – digital. Niemand braucht mehr Dunkelkammern. Die Firma Durst produziert jetzt statt Vergrößerungsapparaten Hochleistungsdrukker für den Fotoprintbereich, Polaroid hat die Produktion von Sofortbildkameras eingestellt, und die großen Kamerahersteller wie Nikon, Canon oder Olympus sind fast vollständig auf Digitalkameras umgestiegen. Die Fotos, die man damit macht, sind sofort verfügbar, kosten nichts, und so wird alles, was sich nicht wehrt, überall zu jeder Zeit von fast jedem im Bild festgehalten. Kulturkritiker sprechen schon von optischer Umweltverschmutzung. So weit muß man ja nicht gleich gehen, aber Freundinnen sehen analog einfach besser aus!

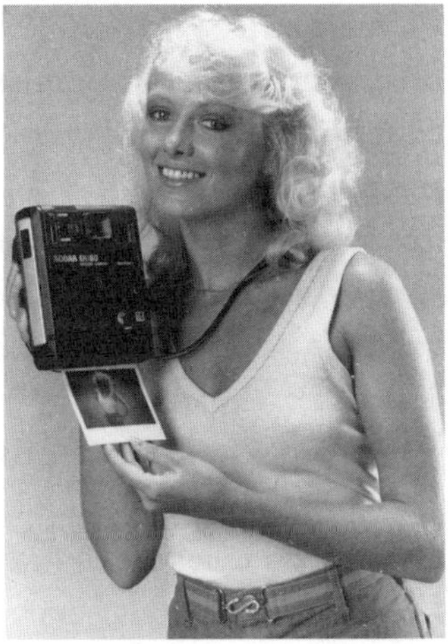

Gitti Fröhlich mit ihrem ersten Tussenschredder, der bis zu sechs Bilder pro Minute vernichten konnte.

Status: ausgeknipst.

Duschhaube Die «Verwendungsmöglichkeiten des schädeladaptierbaren Kräuselplastiks zur Protektion vor vertikal einfallendem Dihydrogenoxid» sind laut einschlägiger Forschungsliteratur folgende (nach der Häufigkeit ihrer Nennung): 1. Abdeckung von Speisen in Salatschüsseln, 2. Bezug für Fahrradsattel bei Regen, 3. Kopfbekleidung für Lausbefallene, die ihren Haarschopf mit Goldgeist oder anderen Chemikalien malträtieren müssen, 4. Gesichtsschutz für eine österreichische Bankräuberin, 5. Rettungsfallschirm für Meerschweinchen, die auf eine Kommode oder einen Schrank geraten sind.

Nur ein Werk aus dem englischen Sprachraum erwähnt die Sinnhaftigkeit der Duschhaube als solcher: Bis vor kurzem seien Frauen wesentlich stärker onduliert, frisiert und toupiert gewesen; diese Haarkunstwerke habe man durch Wassereinfall nicht zum Einsturz bringen wollen. Auch Männer hätten Wert darauf gelegt, ihr fein pomadisiertes Haar vor der Entfettung zu bewahren. Daher sei die Duschhaube einst sinnvoll gewesen und bis heute in Hotels als «Freebie», «Give-away» oder schlimmstenfalls als «Gimmick» (➶Yps) beibehalten worden.

Besieht man die eine oder andere verbliebene Kriegerwitwe im Frühstücksraum eines Hotels, ahnt man, daß Duschhauben nur mehr dort Verwendung finden, wo tägliches Duschen nicht zum Standard gehört, sondern noch Waschlappen und wöchentliche Vollbäder die Hautreinigungspraxis sind.

Die Vollversion der Duschhaube, die 1970 entwickelt

wurde und 1973 für 5,80 DM auch den deutschen Markt hätte erobern sollen, ist jedoch gänzlich verschwunden: die Gesichtshaube, die nicht nur die Frisur, sondern zugleich auch noch das Make-up schützte. Berichte zeugen davon, daß sich die Anwender durch die Verkleidung Imkern und Astronauten in besonderem Maße verbunden fühlten. Lediglich Lappalien wie Sauerstoffmangel, Brechreiz und Platzangst verstellten diesem ergonomischen Meisterwerk den Zugang zu den Konsumtempeln der Gegenwart.

Die Forschungsergebnisse gingen allerdings nicht verloren. So wie die Mondlandung ein Abfallprodukt der Teflonpfannenentwicklung war, ermöglichte die Duschhaube die Erfindung der mit Plastikblumen besetzten Badekappe. Unzählige ➶ Haare, die sich sonst in Abflußsieben verfangen hätten und dort elendiglich umgekommen wären, konnten so gerettet werden.

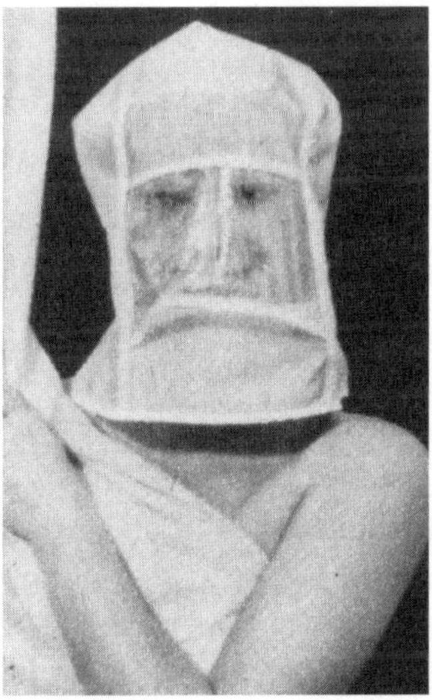

Yul Brynner in einer seiner ergreifendsten Rollen als schöne Imkerin.

Status: Kult!

Ehre Es ist ja schon viel Gutes über die Chinesen gesagt worden. Vor allem von den Chinesen selbst. Und es kommt einiges zusammen, wenn die über Schwarzpulver, Porzellan und ihre Partei reden. Dennoch darf nicht unerwähnt bleiben: Chinese zu sein kann auch Nachteile haben. Ständig, so hört man, müsse man sich in China fürchten, sein Gesicht zu verlieren. Ein Freund eines Freundes zum Beispiel kennt jemanden, der ihm erzählt hat, daß ein ihm bekannter Anwalt seinen Klienten immer rate, in China nicht voreilig die Sektkorken knallen zu lassen, weil der gemeine vertragsabschließende Chinese eine andere Auffassung von Verbindlichkeit habe. Ein großer mittelständischer Betrieb, sagte der Anwalt, habe erfolgreich den Abschluß eines umfangreichen Vertrags verhandelt. Und heftig gefeiert. Leider zu früh. Der chinesische Geschäftspartner sei einfach nicht zur Unterzeichnung des Vertrags erschienen. Später habe sich herausgestellt, daß die Fabrik, in der die Kopfkissenbezüge hätten gefertigt werden sollen, nie gebaut wurde. Hätten die Chinesen dies in einer mittleren Phase der Verhandlung eingeräumt, hätten sie ihr Gesicht verloren. Davor fürchtet sich der Chinese. Ein irgendwie sympathischer Zug.

Nehmen wir einen anderen Fall, aus unserem Kulturkreis: Wenn der finnische Konzern Nokia im Jahr 2008 sein die Quasselsucht beförderndes Handwerk der Handyherstellung trotz Subventionen in Milliardenhöhe, die er zuvor in Deutschland eingestrichen hat, von Bochum nach Rumänien verlegt, ist das nicht nur gewinnorien-

Mist ... schon wieder vorbei! Zwei Duellanten (ohne ↗Zylinder), 1874.

tiert. Sondern auch ehrlos. Ein irgendwie unsympathischer Zug. Dennoch, unser Ehrbegriff ist dabei nicht mehr archaischer, gewalttätiger Natur. Oder hat jemand Olli-Pekka Kallasvuo zum Duell gefordert? Das ist der Vorstandsvorsitzende von Nokia, und der hat unbestätigten Angaben zufolge auch echt Besseres zu tun, als sich morgens um 6 Uhr mit devoten Sekundanten in einem vom Frühtau benetzten Park zu treffen, um sich erst einige Schritte von seinem Herausforderer zu entfernen und sich dann großkalibrige Munition ins Knie schießen zu lassen.

Früher war man da nicht so großzügig. Die Ehre galt schon als verletzt, wenn man sich beleidigt, herabgesetzt, tätlich angegriffen oder seine Schutzbefohlenen in ebensolche Mitleidenschaft gezogen sah. Gerne auch mal die Ersehnte, deren vermeintliches Glück – die Ehre! – verteidigt werden mußte. Freunde, möchte man heute sagen, wegen Pillepalle habt ihr euch das Lebenslichtlein ausgeblasen. Das geht auch lockerer!

Ehre ist ein Konzept, das dem Erhalt der Wertvorstellung einer Gruppe oder einer gesellschaftlichen Schicht dient. Je mehr Menschen andersartige Auffassungen, Neigungen und Absichten haben, desto aufgeblasener gilt es, dagegenzuhalten und sie niederzuringen. So will es die Ehre, und nicht nur die des Standes. Viel Feind – viel Ehr. Der Dualismus «Mein Anliegen ist gut, deines niederträchtig und verdammenswert!» ist dem Menschen nicht ohne weiteres abzugewöhnen. Da half auch alles Schimpfen, Rasen, Meucheln, Duellieren und Kriegeführen nichts.

Humanisten, die ans Grundgesetz glauben, können nicht ernsthaft um ihre Ehre kämpfen. Für sie ist Ehrgefühl nichts anderes als Anmaßung und Überheblichkeit. Ohnehin: In der Giftküche, in der die Zutaten gelagert werden, die den menschlichen Geist umnebeln und verderben, steht der mit der dunklen, schwärigen Ehre gefüllte Erlenmeyerkolben direkt neben den Bottichen, in denen Zucht, Ordnung, Kadavergehorsam, Gewalt und andere Tümeleien brodeln.

Ein Mensch von Anstand und Ansehen geht daher beherzt vor: Er vernichtet diese toxischen Substanzen, indem er sie als solche benennt und sich ihrer nicht bedient.

Er vertraut auf die Kraft der Contenance. Er schreitet erhaben an den Gollums, Dobbies* und Giftzwergen vorbei, die getrieben von Neid und Dünkel ohne Unterlaß Zwietracht säen. Zudem sinnt er darauf, anderen immer wieder Gutes zu tun. Das ist kein neues Anliegen. Und auch kein neuer Typus Mensch. Man nennt ihn seit dem 14. Jahrhundert und mit der Aufklärung immer stärker losgelöst von jedem Standesdünkel einen: Gentleman. Zu Deutsch keinesfalls nur einfach: *Ehrenmann*, sondern gerade auch im wörtlichen Sinne ein *sanfter Mensch*, gebildet, weltgewandt, kenntnisreich, tugendhaft. Einer, der sich unerschrocken durchs Leben bewegt. Begegnet ihm eins dieser verspannten Exemplare der Gattung Ehrenmann, das meint, den Belangen der Ehre selbst wieder zu neuen Ehren verhelfen zu müssen, ringt der Gentleman es ohne Zorn, aber bestimmt nieder. Indem er für seine Werte einsteht, ohne sich beirren zu lassen. Den Gentleman beschäftigt dabei immer nur eine Frage: Welcher Standpunkt nutzt in absehbarer Zukunft einer möglichst großen Zahl von Menschen? Gerne auch den Chinesen.

Die archaische, falsch verstandene Ehre hat uns lang genug drangsaliert. Es wird Zeit, daß sie ganz und gar und überall verschwindet. Adieu!

Status: entbehrlich, ehrlich.

* Dobby, der hundsföttische Zwergenfreund Harry Potters.

Einkaufsnetz Es hat geregnet ... nein, wahrscheinlich hat es gestürmt. Es muß geregnet, gestürmt, geblitzt und gedonnert haben, am 29. Januar des Jahres 1938, als Paul Schlack in Berlin-Lichterfelde die Polymerisierbarkeit des Aminocaprolactams entdeckte. Was sich so wissenschaftlich und eher theoretisch anhört, sollte die Welt verändern, vor allem die unserer Omas.

Dr. Schlack, später Professor Schlack, hatte die Kunstfaser Perlon entdeckt. Das rührte sogar den «Führer», der erst einmal bestimmte, daß diese Entdeckung geheimzuhalten sei. Die deutsche Rüstungsindustrie wartete auf Perlon: Die Amerikaner verfügten ja bereits über Nylon. Wie sonst sollten deutsche Fallschirmspringer sicher auf feindlichem Boden landen, wenn nicht mit Fallschirmen aus deutschem Perlon? Das allerdings interessierte unsere Großmütter eher weniger. Sie horchten das erste Mal auf, als Damenstrümpfe aus der Kunstfaser gefertigt wurden, auch wenn sich viele von ihnen diese nach dem Krieg gar nicht leisten konnten.

Den Durchbruch erlebte die Kunstfaser mit einem anderen Produkt, dem Einkaufsnetz. Die Möglichkeit, ein Kunstfasernetz in der Tasche zu haben, das keinen Platz verschlang, aber bei Bedarf groß und stabil genug war, um eine Vielzahl von Waren aufzunehmen, und das zu einem lächerlichen Preis, überzeugte nicht nur Großmütter. Gibt es eine andere Erklärung für das Wirtschaftswunder der fünfziger Jahre? Wie hätten die Menschen sonst die vielen neuen Produkte nach Hause schleppen können?

Der große Erfolg von Perlon ließ der DDR keine Ruhe. Auch sie wollte nun ihre eigene Kunstfaser. Endlich – 1959 – war es soweit, das sozialistische Deutschland schuf Dederon. In den folgenden Jahren entwickelte sich ein zwischen beiden deutschen Staaten gnadenlos geführter Kampf der Systeme um die Vorherrschaft bei der Produktion von Einkaufsnetzen, bei dem die Bundesrepublik die Nase zunächst leicht vorn hatte. Die Netze gab es nun in vielen Größen, allen Farben und mit verschiedenen Maschenformen.

Mit Einführung der Plastiktüten in den Supermärkten wurden die Einkaufsnetze im Westen allmählich verdrängt. Nur einige alte Frauen nutzten sie weiterhin. Im Osten kam der Einbruch der Einkaufsnetznutzung erst mit der Erdölkrise der siebziger Jahre, als die Sowjetunion die Ölzufuhr drosselte und damit der Rohstoff für Dederon knapp wurde. Das klassische Kunstfaser-Einkaufsnetz hat sich davon nie mehr erholt. Die Firma Manufactum bietet zwar heutzutage in ihrem Sortiment ein Einkaufsnetz an, allerdings besteht es weder aus Perlon noch aus Dederon, sondern aus Eisengarn. Und es kostet über sieben Euro. Es ist damit so etwas wie der Mercedes unter den Einkaufsnetzen. Hätten unsere Omas nie gekauft!

Status: durch die Maschen gefallen.

Eisblumen Hölderlin sah es so: «Was bleibet aber, stiften die Dichter.» Nimmt man lesend allerdings Verbliebenes zur Kenntnis, möchte man vor allem stiftengehen: Das ästhetische Empfinden wird oft genug schockgefroren, während man das digitale Gewächshaus des Internets auf der Suche nach dem verschwiemelten Kompost durchstreift, den die einst schönste aller Winterpflanzen hinterlassen hat – die Eisblume.

Da ist von den Gärten irgendeiner Geliebten die Rede, in denen nur noch Eisblumen gedeihen. Erstarrte Schönheit wird erwähnt, Blümchen in eisigen Kleidern beschrieben, der warme Hauch des Lebens gepriesen, der den Winterstarrsinn wegbliese. Ein anderer Freizeitdichter berichtet von «Zaubersträußen, die die Natur in Gärtnerlaune verschenkt». Auch frühe lyrische Ergüsse der Autoren zeugen vom Ungeschick im Umgang mit den selten gewordenen Gewächsen: «Wenn Du kommst, dann seh' ich Dich / durchs Fenster. Mit Eisblumen im Gesicht / Kalt ist Dein Hauch / Wie Dein Herz auch.»

Schön ist das alles nicht. Worte wie Mehltau. Eiszapfen bilden sich am Gemüt, wenn Bands wie Eisblume (sic!) noch im Winter 2008 schmachtend hauchen: «Wir sind wie Eisblumen – wir blühen in der Nacht. / Wir sind wie Eisblumen – viel zu schön für den Tag.» (Im Original ein Text der Potsdamer Band Subway to Sally. Denen nimmt man das Verlangen, unter Tage oder im Dunkel zu hausen, ja wenigstens noch ab, wenn sie dazu Folkmetal auffahren.) Aber auch Jasmin Wagner alias Blümchen konnte es nicht gut sein lassen. Sie gab singend folgendes von sich:

Eisblumen aus Eifersucht
Blüh'n an meinem Fenster
Jede Nacht lieg' ich wach
Und ich seh' Gespenster
Bist du allein?
Bist du bei ihr?

Die auskristallisierte Dichtungswut so manches Hobbyliteraten kommt dem Duft des Überflusses, der jedem Eisblumenkelch entsteigt, im besten Falle vielleicht nahe, niemals gleich. Selten gelingt es so gut wie bei Christian Morgenstern:

Morgensonne im Winter

Auf den eisbedeckten Scheiben
fängt im Morgensonnenlichte
Blum und Scholle an zu treiben …

Löst in diamantnen Tränen
ihren Frost und ihre Dichte,
rinnt herab in Perlensträhnen …

Herz, o Herz, nach langem Wähnen
laß auch deines Glücks Geschichte
diamantne Tränen schreiben!

Auch diese Zeilen aber trösten nicht. Einmal erblüht, war die Eisblume von jeher dem Untergang geweiht. Doch Doppelverglasung, Reinräume und Klimawandel gaben auch ihren Kristallisationskernen den Rest. Die sechseckigen Kristalle, die sich einst an Dreck, Fliegenschiß und Staub in aller Schönheit ausbildeten, wachsen nicht mehr. Wir finden sie nur noch in Berghütten, gelegentlich in spärlichster Form an den Außenscheiben von Flugzeugen. Nunmehr wünscht man doppelt einen eiskalten Hauch herbei. Auf daß er frostige Bilder an unsere Fenster werfen und unvermittelt auch so manchem Dichter die Tinte im Füller gefrieren lassen möge. Aber wer schreibt heute schon noch mit Füller?

Status: abgetaut.

Eumel und Gilb Ernst Hilbich scheint die Verdunkelungsgefahr als erster erkannt zu haben. Pomadisierten Hauptes und mit flaschenbodendicken Brillengläsern warnte er zu Zeiten, als Willy Brandt Bundeskanzler war, die Deutschen zu vorabendlicher Stunde im Fernsehen: Die Lage sei ernst, das Wohl der Gardinen durch seltsame polyesterliebende Wesen gefährdet. Doch Hilbich wußte Rat und pries «Hoffmanns Gardinen Weiß» an, ein Wundermittel, das diesen sogenannten Eumeln den Garaus machen sollte.*

Eumel. Höhö. Was für ein lustiges Wort. Man konnte sich regelrecht beömmeln, so lustig klang es. Und erst die Eumel selbst: Sie hangelten sich durch die wie von Zauberhand vergrößerte Takelage der Gardine, verbissen sich in den Gewebeknoten, grinsten frech und beschmutzten das strahlende Weiß. Nur: Wie vollzog sich der Prozeß der eigentlichen Verschmutzung? fragte sich der zutiefst reinliche Zuschauer. Ein Vorgang, den die Werber von damals korrekt darzustellen nicht in der Lage waren, obwohl es das Elektronenmikroskop bereits seit 1931 gibt. Das Treiben des Eumels blieb ominös. Hatte er vielleicht unreinen Speichel? Schmutzige Füße? Klebten Blut und Dreck zweier Weltkriege an ihm? Kotete er gar die Gardine voll, die Sau?

Nistete sich der Eumel erst einmal ein, hatte die Gardine und damit auch Mutti nichts mehr zu lachen. Jeder Präpubertierende verstand: Opa hatte an der Ostfront gekämpft, Mutti verteidigte ab 1970 die Ado-Goldkante. Ein harter Dienst, erleichtert nur durch meerschweinchenkötelgroße Bleikugeln, die in einen Textilschlauch

* Der Spot ist heute offiziell nicht mehr einsehbar, geschweige denn erhältlich, da er spätestens beim Verkauf des Waschmittelherstellers an einen globalen Konzern verlorenging. Vielleicht wollten die Geschäftsführer sich auch schon vorher vom Verdacht der Volksverblödung reinwaschen und ließen den Eumel verschwinden – die Eumel, die!

gepreßt worden waren, um den Rand der Gardine zu beschweren und deren behaglich welligen Hang zu garantieren. Die Gardinenlosigkeit heutiger Fenster ist wohl nicht zuletzt auf die mühselige Fummelei zurückzuführen, die nötig war, diese Bleikordel durch die entsprechenden Ösen zu ziehen.

Doch in den siebziger Jahren lag noch Angst in der Luft: die Sorge, der Nachbar könne alles sehen; die Furcht, man werde entlarvt. Dazu die tiefe Angst vor Unreinheit: Es war die Zeit, in der Generäle das Putzkommando übernahmen, um auch gegen die hinterletzten Bakterien vorzugehen. Um die Existenz dieser brutalen Schmutztruppen zu rechtfertigen, wurde das eher gemütliche Treiben des Eumels mir nichts, dir nichts ins Monströse gesteigert. Er war damit ein indigenes Wesen der sechziger und siebziger Jahre, ein entfernter Verwandter von Loriots bräsiger Steinlaus, die an Zersetzungsprozessen jeder Art ihr malmendes Vergnügen fand. Zum Spaß wurde der Deutsche daran gewöhnt, daß sein frisch gewonnener Wohlstand neuen Anfeindungen ausgesetzt war, die nicht durch Zähnezusammenbeißen und Wiederaufbauarbeit abzuwehren waren.

Ohne ihrer nach drei Jahrzehnten erneut angesichtig werden zu können – die Haus- und Putzfrauen Germaniens haben sie bekanntlich ausgerottet –, sind die Eumel den meisten als gebogene graue Bohnen in Erinnerung, mal mit, mal ohne Hasenzahn. Andere wiederum sagen, der Eumel habe eher Tropfenform gehabt, viele nackte Füße und Zahnfäule. Dritte sprechen von kugelförmigen, fransigen Körpern mit langen Greifarmen, verwechseln ihn aber leicht mit dem Gilb, der einer Kartoffel glich: vierfingrig und mit genau einem Riesenzahn. Auch wenn der Gilb ebenfalls die Gardinen befiel – Gilb ist nicht Eumel. Der Gilb war gelblich, die Farbe des Eumels bleibt umstritten: Grün oder Grau.

Verwirrte verwechseln ihn gern mit winzigen, bunten, matroschkaähnlichen Holzpüppchen, die man zuhauf und in Bündeln an Sicherheitsklammern trug. An einem Charlottenburger Gymnasium wurden diese auch «beschissene Eierköppe» genannt. Wer in den bunten Anhängern Eumel zu erkennen glaubt, ist eine dumme, aber dennoch recht liebenswürdige Person – vielen eher als Dussel, Schussel oder Dödel bekannt –, die man im Ruhrgebiet ebenfalls Eumel nannte.

Status: ausgerottet.

Fernsehunterhalter, große Hilfe! Mein Gott, was ist aus uns geworden? Wir halten Wim Thoelke für einen großen Showmaster? Wie konnte das passieren? Liegt das gar an Wum, dieser pausbäckigen Kreatur Loriots, die im Hintergrund von Thoelkes Fernsehshow «Der große Preis» mitten im Spiel schrie: «Thoelke! Thoelke! Thoeoeoelke?», woraufhin Wim – huchchen, so eine überraschende Überraschung aber auch ist das, diese Überraschung! – sich umdrehte und fragte: «Wer ruft denn da?» Na wer wohl, du Tölpel, Tölpel, Tööölpel? Steht doch auf deinem Teleprooompter! Das könnte heute keiner mehr so bringen.

Gespreizt stakste Thoelke dann durch die erbärmliche Studiolandschaft, die futuristischen Kandidatenkugeln hinter sich lassend. Dabei war der Kamerawechsel schlicht ein cleverer Schnitt, um ein Einspielfilmchen zu senden, das regelmäßig mit Wendelin – einem näselnden Elefanten – endete, der sich einen Knoten in den Rüssel zog und sagte: «Einsendeschluß: Samstag in acht Taaagen!» Dann gab es ein Elefantenküßchen.

Wim Thoelke glich als Moderator dem hohlen, wandernden Baum, in dem sich bei «Asterix» ein Römer aus Tarnungsgründen versteckt hielt. Was aber in Thoelke steckte, bekam man nie so recht zu sehen. Assistentin Beate himmelte ihn dennoch an wie die Eule, die sich im «Asterix»-Heft «Der Kampf der Häuptlinge» schwer in den Baum verknallt hatte.* Zum Dank durfte sie von einem Holzbrettchen Gewinnernamen ablesen. Thoelke stand mit gefalteten Händen daneben und kommentierte fachmännisch: «Ach, wie schön. Da werden sich unsere Gewinner aber freuen.» Und glücklich war unsere Beate, glücklich, also nein, so was von glücklich.

Und dann war da noch diese bedauernswürdige Figur des Walter Spahrbier. Der war ein echter Postbeamter und als solcher vom Bundespostministerium eigens

* Die Eule wußte auch, warum: «Ein Baum, der sprechen kann und nach frischem Seehecht riecht. Herrlich! Ich geh nie wieder weg.»

für die Sendung abgestellt, da er «ein wünschenswertes Bild des deutschen Beamten im Inland» vermittelte. Zuvor hatte er bei Peter Frankenfeld als Glückspostillon gedient. Folge für Folge, fast bis zur hundertsten Ausgabe, standen sie sich gegenüber: die hohle Eiche Thoelke und das verkleidete Brett Spahrbier, der sich jedesmal zu rechtfertigen hatte, wie er denn nun wieder aussehe. Was denn das für eine tolle Uniform sei. Vergeblich wartete man auf die Antwort: «Das ist eine von Goebbels' Phantasieuniformen, die ich mir heute mal aufgebügelt habe.» Oder: «Wieso fragen Sie, Herr Thoelke? Gefällt Ihnen mein Tutu nicht?» Und gefreut hat sich der Walter immer, also nein, so was von gefreut. Dann starb der bekannteste Statist Deutschlands. Thoelke hielt 219 Folgen durch.

Das «Lexikon der TV-Moderatoren» bezeichnet ihn als «Virtuosen des Normalen». Stets langweilig, gleichbleibend gutgelaunt und mithin maximal mittellustig. Aber eben normal. So wie der Ausstrahlungstermin: Donnerstagabend, 19 Uhr 30. Und nach Wum und Wendelin ins Bett. So war das Familienleben in den Siebzigern.

Der Frankenfeld war anders. Der war ja auch eher Schauspieler und tauchte ständig in seiner eigenen Sendung in Sketchen auf. Er hatte Jacketts am Leib, auf denen die Straßenführung Manhattans im Maßstab 1:150 abgebildet war. Er trug die Haare fast wie ein Rockabilly, sein Gesamtausdruck hatte etwas Tanzbärenhaftes, und er war wirklich witzig. Eigentlich war er nur aus einem Grunde verdächtig: Eltern und Großeltern mochten ihn auch. Wurden sie gar von den unterirdischen Operettenmelodien ins zeitlich begrenzte Wachkoma gefunkt? Gern wüßten wir, ob er wohl mal was mit der Caterina Valente hatte. Und zwar so richtig! Tante Else jedenfalls wurde immer ganz wuschig, wenn sie die beiden zusammen sah, und kratzte sich wie wild an ihrem Hautausschlag am Ellbogen. Und das kann nicht allein an Frankenfelds Kalmückenblick gelegen haben.

«Musik ist Trumpf» hieß seine letzte, im Vergleich zu seinen früheren sogar eher mäßig erfolgreiche Show. Ende der fünfziger Jahre war es zu wilden Randalen gekommen, wenn Tickets für die örtliche Aufzeichnung der Sendung «Heute abend Peter Frankenfeld» verkauft wurden.

Und es gab noch einen, der Thoelkes Level von Normalnull spielend überbot: Hans Rosenthal. Wenn der bei «Dalli Dalli» rief: «Das war Spitze!», hüpfte er gleich mit in die Luft. Es trieb ihn vorzugsweise immer dann in die atemberaubende Höhe von einunddreißig Zentimetern, wenn einer der Kandidaten beim «Dalli-Klick» genannten Bilderpuzzle schon nach zwei, drei eingeblendeten Stücken den niedlichen Igel an seiner Schnauze erkannte. Stefan Raab würde heute einen Pavian nehmen, und dann auch nur als Ausschnittvergrößerung von hinten.

Thoelke, Frankenfeld und Rosenthal waren die grauen Eminenzen im neuen deutschen Farbfernsehen (am 25. August 1967 anläßlich der IFA eingeführt; die Mondlandung sahen die meisten aber noch schwarzweiß). Ihre Schatten legten sich übers Kinderbett.

TV-Star-Wars: Prinzessin Leia und Yoda testen eine neue Waffe. Hans Rosenthal und Assistentin Monika Sundermann im «Dalli-Dalli»-Studio, 1971.

Doch wir hörten auch von telegenen Kreaturen, die es zu nachtschlafender Zeit (verwendet diesen Begriff heute überhaupt noch jemand?) angeblich weitaus wilder trieben. Ein Name machte die Runde: Manfred Sexauer. Der Mann, der 1981 von den Medienfrauen «für seine unermüdliche Betonung weiblicher Vorzüge» im «Musikladen» den Trostpreis der Sauren Gurke erhielt. Ein Prachtbursche. Er sei von tanzenden halbnackten Frauen umgeben gewesen, hieß es in der Großen Pause auf dem

Schulhof. Brian Connolly von The Sweet habe dort gesungen. Und diese Uschi Nerke im «Beat-Club» soll auch nicht von schlechten Eltern gewesen sein. Hoho, haha. Sagten die aus der achten Klasse.

Es war die Zeit mit drei Fernsehprogrammen. Lange bevor der Gotensturm der Privatfunker begann, die Bundesbürger anschließend versklavt und zu entwürdigenden Diensten als dauerglotzende Teleshopper gezwungen wurden. Überhaupt hatten sich, nachdem das Terrain des Normalen vollständig erkundet war, in der deutschen Fernsehlandschaft die ersten Verstiegenen hervorgewagt: Ilja Richter sagte Sachen wie: «Licht aus. Womm. Spot an. Yeah!» Rudi Carrell hatte einen seltsamen Akzent. Vivi Bachs dänische Herkunft war für uns, die wir im Schwarzwald und auf ostfriesischen Inseln Urlaub machten, nicht einmal zu erraten. Wenn sie mit ihrem Gatten Dietmar Schönherr auftrat, durften wir nicht zusehen – ihre verhältnismäßig anarchische Familienshow «Wünsch Dir was» provozierte: Eine Siebzehnjährige sollte beispielsweise aus den damals herrschenden Modestilen den ihr genehmsten aussuchen. Bruder, Mutter und Vater hatten vorher zu erraten, wofür sie sich entscheiden würde. Alle drei lagen richtig. Töchterchen mochte Hosen. Allerdings gehörte zu der Garnitur auch eine durchsichtige Bluse – ohne BH.

Überhaupt war Sex im TV der Lackmustest für Familienverträglichkeit. Zuviel nackte Haut, und der pH-Wert in Muttis Blut strebte gegen null. Sie grummelte schon, wenn ihr auffiel, daß einem die kurzen Röckchen beim Eiskunstlauf nicht entgingen. Gibt es andere Gründe, das einzuschalten?

Joachim Fuchsberger beschwerte sich einst: «Wenn Kuli eine Frau etwas länger wohlwollend anschaut, dann heißt es bei ihm: der ewige Lausbub, der Charmeur. Bei mir schreibt die Presse: Er blieb mit schmierigen, schleimigen Augen am Busen irgendeiner Kandidatin hängen.» Es dauerte noch zwanzig Jahre, bis ein gewisser Thomas Gottschalk in einer ansonsten erfolglosen Late-Night-Talk-Show die Ex-Pornodarstellerin Dolly Buster fragen durfte, ob sie sich die Brüste operativ verkleinern lasse, weil sie sonst nix mehr sehe.

Zu diesem Zeitpunkt war Hans-Joachim Kulenkampff für unsereinen nicht mal mehr der Rede wert. Auch waren wir nicht lebenserfahren genug, um zu begreifen, daß der genialste aller genialen Fernsehmoderatoren eigentlich Robert Lembke war. Er saß da und hatte – hochbezahlt – praktisch nichts zu tun. Mit dem Kommunikationsaufwand eines Zugschaffners schleppte er sich zähe dreißig Jahre lang durch unsere Wohnzimmer. Wir rächten uns mit dreckigem Lachen. «Welches Schweinderl hätten S' denn gern?» – «Das mit der Brille!»

Status: sind alle den Dinosauriern gefolgt.

Filterkaffee Jahrzehntelang herrschten finstere, entbehrungsreiche Zeiten in Deutschland. Wer Kaffee trinken wollte, bekam Filterplörre. Und die schmeckte in neunzig Prozent aller Fälle, als hätte man alte Socken aufgekocht. Kein Wunder, daß sie mit Kondensmilch und viel Zucker geschmacklich aufbereitet werden mußte. Der überzeugte Schwarztrinker dagegen wollte leiden. Er konnte erst dann größte Freude verspüren, wenn sich nach dem «Genuß» ein ätzender Säuredom in der Speiseröhre bildete, dem in der Regel ein höllisches Sodbrennen folgte.

Ihr trauriges Los hatten die deutschen Kaffeetrinker der Hausfrau Melitta Bentz zu verdanken. Die erhielt am 20. Juni 1908 vom kaiserlichen Patentamt in Berlin Gebrauchsmusterschutz für ihre Erfindung des ersten Kaffeefilters. Bis dahin hatte man heißes Wasser direkt auf die gemahlenen Kaffeebohnen geschüttet. Diese Methode mißfiel Melitta Bentz, weil sich dadurch die Zähne braun färbten und sich in der Tasse unordentliche Klümpchen bildeten. Mit ihrem Sohn Willy bastelte sie am heimischen Herd aus Löschpapier und einem durchlöcherten Messingtopf einen Prototyp. Nach vielen Verbesserungen ging er in Serie und wurde zum Bestseller. Das Unglück nahm seinen Lauf: Deutschland blieb jahrzehntelang am Melitta-Filter hängen.

Im Laufe der Zeit wurde das Verfahren weiter vereinfacht. Die Aufgabe, heißes Wasser in den Filter zu gießen, erledigte nun die Kaffeemaschine. In Kantinen gab es nachmittags den «allerbesten» Kaffee, nämlich den, der bereits morgens aufgebrüht worden war und dann stundenlang auf einer Wärmeplatte vor sich hin köchelte. Aber keine Sorge, auch der brachte einen nicht um, er schmeckte nur so.

Wie gefährlich Kaffee für die Gesundheit ist, untersuchte bereits der schwedische König Gustav III. (1746–1792). Für ein Experiment begnadigte er zwei zum Tode Verurteilte. Der eine mußte dann täglich Tee trinken, der andere Kaffee. Beide überlebten angeblich nicht nur die überwachenden Ärzte, sondern auch den König.

Ebenfalls nicht gestorben sind die Gäste von Karin Sommer, lange Jahre die berühmteste Kaffeetante Deutschlands. Die hatte es nicht leicht. Ständig mußte sie Freundinnen aus der Patsche helfen, die ganze Feste mit dem falschen Kaffee ruiniert hatten. Meistens standen die verzweifelt vor halbleeren Tassen. Erst durch Frau Sommers Geistesblitz in Form einer Packung Jacobs Krönung ließen sich die Feierlichkeiten und das Seelenheil der Gastgeberin retten.

Trotzdem entwickelte sich in Deutschland langsam eine Wechselstimmung. Seit immer mehr Deutsche Urlaub in Italien machten und dabei nicht nur Pizza entdeckten, sondern auch Espresso und Cappuccino, entstand eine Kaffeegegenkultur. Wer erst einmal einen guten Espresso getrunken hatte, wollte kaum mehr zum Filterkaffee zurück. Darüber hinaus ist der Espresso gesünder. Durch ein anderes Röstverfahren der Bohne sowie den schonenderen Brühvorgang enthält er wesentlich weniger Reizstoffe. (Natürlich gab es auch den Cappuccino in

Ob großer oder kleiner Kommer, es hilft dir sicher Karin Sommer! (Sommer 1974)

der gefilterten Variante. Nach dem Motto «Aber bitte mit Sahne!» werden damit bis heute komplette Altersheime versorgt. In einer Tasse schwarzem Filterkaffee wird ein Berg Sahne versenkt, was letztlich mit Cappuccino so viel zu tun hat wie eine Dose ↗ Slime.)

Trotz des organisierten Widerstandes der Filterkaffeelobby wurden die Marktanteile kleiner. So haben die Deutschen 2005 nur noch 144 Liter Kaffee pro Kopf getrunken; 1980 waren es noch 160 Liter. «Der junge Verbraucher trinkt Latte macchiato», teilte der Deutsche Kaffeeverband in Hamburg mit. Die jüngeren Konsumenten bevorzugten auch den Genuß von Espresso sowie die Zubereitung mit Eintassenportionen oder Kaffeevollautomaten. Dieses Wachstum gehe zu Lasten des klassischen Filterkaffees. Der Absatz von Espresso/Crema hat 2005 gegenüber dem Vorjahr um 9400 Tonnen auf 25 000 Tonnen zugelegt. Bei Eintassenportionen (Pads/Kapseln) wurde der Absatz mit 7000 Tonnen fast verdreifacht. Inzwischen werden in Deutschland immer mehr Espressomaschinen verkauft, und die Umsätze der Kaffeehausketten, die Espressokaffee anbieten, steigen weiter.

Die deutsche Festung Filterkaffee wankt; es ist nur noch eine Frage der Zeit, bis sie endgültig geschliffen ist.

Status: tiefschwarz.

Flugticket Kein Ticket, keine Mitnahme. So war es jahrzehntelang in der Luftfahrt. Und viele haben es selber schmerzlich erfahren, daß sie nicht an Bord kamen, nur weil sie das Ticket, auf ihren Namen ausgestellt, auf dem Küchentisch vergessen hatten. Denn dieses Dokument war ein juristisch relevanter Beförderungsvertrag, ohne dessen Besitz der Fluggast schnell das Nachsehen hatte. Das galt auch für die Besatzungen, die ein sogenanntes «Crew Manifest» bekamen.

Seit Juni 2008 ist das alles vorbei. Der Flugschein, bestehend aus mehreren dünnen Durchschlagseiten, ist für immer abgeschafft. Die Billigairlines waren längst vorangegangen: Bei ihnen konnte man den Beförderungsvertrag schon seit den späten Neunzigern elektronisch im Internet abschließen. Zum Einchecken reichte eine E-Mail beziehungsweise ein Code, denn mit Personalausweis oder Reisepaß ließ sich die Identität der Passagiere ohnehin verifizieren. Im Jahr 2004 lag der Anteil dieser Tickets bei 16 Prozent, im Dezember 2007 waren bereits 92 Prozent aller Tickets nur noch virtuell vorhanden.

Auf diese Weise läßt sich viel Geld sparen. Produktion und Abrechnung eines Papiertickets kosteten bis zu zehn Dollar, virtuelle Tickets, elektronisch abgerechnet, kosten nur noch einen Dollar. Bis zu drei Milliarden Dollar jährlich wollen die Fluggesellschaften so einsparen. Auch ökologisch war das «alte» Ticket Wahnsinn. Im Jahr 2005 wurden 285 Millionen davon hergestellt, dafür mußten 50 000 Bäume ihr Leben lassen. (Noch hat allerdings niemand ausgerechnet, wie viele Bäume nun sterben müssen, da die Passagiere mehrseitige Buchungsbestätigungen und Rechnungen am Computer ausdrucken.)

Eigentlich sollte das Papierticket schon zum 1. Januar 2008 verschwinden, aber in vielen Ländern gab es Umstellungsprobleme. Die IATA (International Air Transport Association), der Weltdachverband von über 280 Airlines, nennt Rußland, die übrigen GUS-Staaten und Afrika. Mittlerweile funktioniert das elektronische Ticket selbst auf der beschaulichen kenianischen Insel Manda. Immerhin hat der dortige Flughafen, der nur tagsüber angesteuert werden darf, dessen Schalterhalle mit Stroh bedeckt ist und bei dem die Gepäckaufgabe unter Zuhilfenahme einer rostigen Viehwaage im Freien vorgenommen wird, noch keine eigene Stromversorgung. Seinen Betreibern kam angesichts der Entwicklung in der modernen Kommunikationstechnologie eine geniale Idee: Sie lassen die Passagierlisten in den Büros der Fluggesellschaften auf der Nachbarinsel Lamu ausdrucken und per Boot zur Schalterhalle bringen. Dort hakt ein Mitarbeiter die Namen der Passagiere, die sich mit ihrem Reisepaß ausweisen, einzeln auf den Listen ab.

Was man als Papierticket jahrzehntelang in den Handen hielt, haben sowieso die wenigsten Reisenden richtig begriffen. Das Ticket bestand aus mehreren Seiten: der Fluginformation, Haftungshinweisen, Beförderungsbestimmungen, einer dreizehnstelligen Zahl, Agentcoupon, Auditcoupon, Fluggastcoupon, diversen Muster- und Farbverläufen – eigentlich erstaunlich, daß es so lange überlebt hat. Grund dafür war der komplizierte Abrechnungsmodus der Fluggesellschaften untereinander. Besonderes Augenmerk galt dabei den Fluggästen, die nach Zwischenlandungen die Fluggesellschaft wechselten, aber nur ein Ticket hatten. Die IATA und ihr «Clearing House» errechneten dann, welcher Betrag den beteiligten Airlines zustand, und organisierten die Aufteilung des Geldes.

Die Airlines betrieben allerdings auch einen gigantischen Aufwand, um die Flugcoupons bürokratisch zu verwalten: Mitte der achtziger Jahre waren bei der Lufthansa über 650 Mitarbeiter in der Abteilung Verkehrsabrechnung beschäftigt, die mehr als 20 Millionen Beförderungsdokumente jährlich auf Mikrofilm aufzunehmen, zu prüfen, zu ordnen und zu codieren hatten, teilweise 80 000 pro Arbeitstag. Die Swissair lagerte die Abrechnung in den neunziger Jahren nach Indien aus. Jeder Swissairflug nach Bombay hatte damals 300 bis 400 Kilo Ticketcoupons an Bord.

Das alles ist vorbei. Das Papierticket ist verschwunden. Im Juni 2008 wurden noch 32 Millionen übriggebliebene Blankotickets eingestampft und zu Altpapier verarbeitet. Der CEO der IATA, der Italiener Giovanni Bisignani, erklärte das Papierflugticket mittlerweile zum Museumsartikel.

Die Bordkarte wird es wohl als nächstes treffen. Die Lufthansa kann diese bereits aufs Handy schicken.

Status: vom Winde verweht.

Friedensbewegung Stellen Sie sich vor, Sie sind Kindergärtner, es ist Krieg, und ein feindlicher Soldat schießt vom Haus gegenüber auf Ihre Kleinen. Nein, Sie können nicht die Polizei holen! Nein, es ist zu spät, die Kinder in Sicherheit zu bringen! Nein, der Soldat beachtet die Genfer Konvention nicht! Stellen Sie sich vor, Sie haben eine Waffe und können auch gut schießen – was machen Sie?

So konnten Fragen aussehen, die in den frühen achtziger Jahren bei der «Gewissensprüfung» gestellt wurden. Falsche Antworten wurden mit Wehrdienst nicht unter sechzehn Monaten bestraft.

Es war eine verrückte Zeit. Im Kino liefen Antikriegsfilme wie «The Deer Hunter» («Die durch die Hölle gehen») und «Apocalypse Now», Filme, mit denen die USA versuchten, ihr Vietnamkriegstrauma zu verarbeiten. Gleichzeitig standen sich mit Nato und Warschauer Pakt zwei hochgerüstete Militärbündnisse gegenüber, die für jeden Erdenbürger eine Sprengkraft von zwei Tonnen TNT bereitstellten, um im Ernstfall sämtliche Körper ordentlich zerlegen zu können. Die ohnehin durch den Kalten Krieg nicht sonderlich entspannte Situation spitzte sich zu, als die Nato am 12. Dezember 1979 den Doppelbeschluß verkündete: Westliche Politiker hatten im atomaren Raketenwald eine «Lücke» entdeckt. Den SS-20 des Warschauer Paktes hatte die freie Welt angeblich nicht genügend entgegenzusetzen. Der Westen plante nun, mit Raketen vom Typ Pershing «nachzurüsten», falls der Osten sich weigerte, die SS-20 «abzurüsten». Das war zwar nicht die Geburtsstunde der Friedensbewegung – es gab sie bereits seit Jahrzehnten –, aber der Nato-Doppelbeschluß verpaßte ihr so etwas wie eine Frischzellenkur: Hatten sich bislang nur wenige für das Thema interessiert, demonstrierten im Oktober 1981 über dreihunderttausend Menschen in Bonn gegen die Rüstungspolitik – so viele, wie die Bundeshauptstadt Einwohner hatte. Aus Angst vor Ausschreitungen vernagelten die Bonner Geschäftsleute ihre Läden mit Brettern. Während die Friedensaktivisten durch die Straßen flanierten, kreisten über ihnen Hubschrauber der Polizei und ein Flugzeug, das ein Banner mit der Aufschrift «Und wer demonstriert in Moskau?» hinter sich herzog. Überall waren Plakate zu sehen mit Friedenstauben, Peace-Zeichen oder dem Signet der DDR-Friedensbewegung, «Schwerter zu Pflugscharen». Die Demonstranten riefen: «Hopp, hopp, hopp! Atomraketen stopp!», trugen Palästinensertücher und T-Shirts mit dem Aufdruck «Stell dir vor, es ist Krieg, und keiner geht hin». Alles blieb friedlich. Heinrich Böll, Erhard Eppler und Petra Kelly hielten Reden, aber das Besondere an diesem Tag war, daß sich eine Bewegung neu erschaffen hatte und ihren magischen Moment feierte. Aus Angst geboren, zeigte sie hier Kraft und Leidenschaft.

Plötzlich explodierte in Deutschland die Zahl der Kriegsdienstverweigerer. An den – mittlerweile fast schon vergessenen – Ostermärschen nahmen zahllose Menschen teil. Studenten experimentierten mit neuen Demonstrationsformen wie den «Die-ins»: In den Fußgängerzonen deutscher Städte lagen nun immer häufiger Personen reglos am Boden. Durch die gemeinschaftliche Simulation des Atomtods wollte man die Passanten aufrütteln. Das politische Establishment hatte mit einemmal Schwierigkeiten, die Friedensaktivisten weiterhin als fünfte Kolonne Moskaus oder Realitätsverweigerer zu diskreditieren. Selbst konservative Kreise wurden von den Botschaften der Friedensbewegung unterwandert. Beim Eurovision Song Contest 1982 gewann Nicole mit weißer Gitarre und dem Schlager «Ein bißchen Frieden». Überall entstanden Lieder, die sich mit Krieg und Frieden beschäftigten: Georg Danzer sang «Gebt uns endlich Frieden», Geier Sturzflug «Besuchen Sie Europa, solange es noch steht», Joseph Beuys «Wir wollen Sonne statt Reagan», Nena «99 Luftballons», Fischer Z «Cruise Missiles» und Karat «Der blaue Planet».

Im November 1983 sollte der Bundestag über die Stationierung amerikanischer Pershing-II-Raketen entscheiden. Am 22. Oktober 1983 demonstrierten in Deutschland mehr als 1,5 Millionen Menschen für den Frieden. In Stuttgart bildete sich eine 109 Kilometer lange Menschenkette, die bis Neu-Ulm reichte, und in Bonn versammelten sich über fünfhunderttausend Menschen, um zur Musik von BAP zu feiern und die Rede von Willy Brandt zu hören. Nie zuvor waren in der Bundesrepublik so viele Menschen für ein gemeinsames Ziel auf die Straße gegangen. Selbst Angehörige der Bundeswehr unterstützten die Proteste und zeigten Plakate mit der Aufschrift «Nato-Soldaten sagen ‹No!› zu Cruise Missiles und Pershing zwo!!!». Innerhalb weniger Jahre war aus ein paar Gutmenschen eine riesige Protestbewegung geworden. Niemand wollte nun mehr ausschließen, daß sich die Bundesregierung dem Druck der Straße beugt und eine Stationierung ablehnt. «Ein Irrtum», resümierte der «Tagesspiegel» fünfundzwanzig Jahre später. «Die Regierung dachte nicht im mindesten an Umkehr oder an Aufschub. Kanzler Kohl beharrte auf der uneingeschränkten Bündnistreue zu den Vereinigten Staaten als ‹Kernpunkt deutscher Staatsraison›, und am 22. November, genau einen Monat nach der Demonstration, beschloß der Bundestag mit 286 zu 225 Stimmen die Aufstellung von Pershing II und Cruise Missiles auf deutschem Boden. Die Friedensbewegung brach augenblicklich zusammen.»

Von dieser Niederlage hat sie sich nie mehr erholt. Allerdings gibt es zumindest bei der Kriegsdienstverweigerung heute kein Tribunal mehr zur Gewissensprüfung. Die Frage vom Anfang wurde damals tatsächlich einem Kriegsdienstverweigerer gestellt. Der antwortete darauf: «Ich kann richtig gut schießen?! Dann schieß ich dem Soldaten die Waffe aus der Hand, ohne daß er überhaupt verletzt wird!» Der junge Mann durfte Zivildienst leisten.

Status: Petting statt Pershing.

Glühbirne «Licht aus, Energiesparlampe an», heißt es bald für die Glühbirne, und damit gehören dann auch Rätselklassiker wie folgender für immer der Vergangenheit an: Im Keller eines Hauses befinden sich drei Lichtschalter. Einer davon führt zur Küchenlampe im ersten Obergeschoß. Man darf nur ein einziges Mal nach oben, um herauszubekommen, welcher Schalter der richtige ist. Wie geht man vor? So viel sei schon jetzt verraten: Sollte sich eine moderne Energiesparlampe in der Küche befinden, wird man hinsichtlich des Rätsels Lösung im Dunkeln tappen!

Im Jahr 1835 präsentierte der Schotte James Bowman Lindsay in Dundee ein «beständiges elektrisches Licht». Er gilt heute für viele als der Erfinder der ersten experimentellen (also noch nicht alltagstauglichen) Glühbirne. Thomas Alva Edison war lediglich ihr erster erfolgreicher Vermarkter. Er hat das alltagstaugliche Massenprodukt und damit eine brauchbare Alternative zu den damals noch vorhandenen Gaslampen erfunden. 1880 erhielt Edison in den USA das Basispatent 223898 für das von ihm entwickelte Modell.

Die berühmteste Glühbirne der Welt brennt in Kalifornien in einer Feuerwache in Livermore. Seit über hundert Jahren «beleuchtet» die 4-Watt-Funzel die Feuerwehrautos, wobei von «leuchten» nicht wirklich die Rede sein kann. Ihre «Leuchtkraft» unterscheidet sich wenig von der eines glühenden Heizstabs im Backofen. 1901 wurde die «Centennial Bulb» zum erstenmal eingeschaltet und brennt seitdem pausenlos, was ihr einen Eintrag ins Guinnessbuch der Rekorde einbrachte. Ihretwegen wurde eigens eine Webcam aufgestellt, die alle zehn Sekunden ein aktuelles Bild für das World Wide Web produziert, damit man sich in allen Teilen der Welt jederzeit versichern kann, daß diese ewige Flamme der Elektrizität noch immer nicht erloschen ist. Viele wollen sich aber auch vor Ort davon überzeugen; touristische Führungen zur «Centennial Bulb» gehören zum Arbeitsalltag der Feuerwehrleute von Livermore.

Ärgerlich kann einen das allerdings schon machen: Warum brennt eine Glühbirne von 1901 mal eben mehr als ein Jahrhundert beziehungsweise 108 × 365 × 24 = 946 080 Stunden, während eine heutige handelsübliche, aufwendig industriell gefertigte 60-Watt-Birne nach gefühlten drei Monaten verglüht? Weil es ein funktionierendes Kartell der Lichtmacher gab: Die großen Glühbirnenhersteller der Welt hatten sich kurz nach dem Zweiten Weltkrieg auf einen «künstlich begrenzten Lebenszyklus» der Glühbirne von tausend Stunden geeinigt. Er sollte nach offizieller Darstellung eine bessere Lichtausbeute garantieren, aber in Wirklichkeit versprach er den Unternehmen einfach mehr Gewinn. Tatsächlich gibt es technische Grenzen. Dem Glühdraht in der Birne – meist aus Wolfram – widerfährt nämlich immer wieder dasselbe endgültige Schicksal: Er verglüht. Wobei sein Durchmesser über die Dauer bis zu seinem Ableben entscheidet. Dabei gilt: Je dicker der Wolfram, um so länger zieht es sich hin. Allerdings verbraucht der dicke Glühdraht auch mehr Energie. Doch ob mit dickem oder dünnem Draht: Herkömmliche Glühbirnen sind eher als Heizstrahler zu betrachten. Nur vier Prozent der eingesetzten Energie werden in Licht umgewandelt, der überwiegende Rest wärmt die Umgebung auf. Ein Prinzip, das auch schon Fernseh-Actionheld MacGyver in einer Folge zu nutzen wußte. Er rettete sein Leben, indem er eine Glühbirne zerplatzen ließ: Mit Wasser kühlte er das höllisch heiße Glas der Birne ab, die daraufhin planmäßig explodierte. Würde MacGyver in ein paar Jahren in eine ähnliche Situation kommen, wäre das wohl sein Todesurteil, denn der Lette Andris Piebalgs, Energiekommissar der Europäischen Union, will der Glühbirne den Saft abdrehen. Wie es sich für die Brüsseler Bürokratie gehört, gibt es natürlich klare Vorgaben, welche Wattstärke wann an der Reihe ist. Am 1. September 2009 wird es zunächst für die gute alte 100-Watt-Birne ernst. Ein Jahr später wird die 75-Watt-Birne vom Markt genommen, 2011 ist die 60-Watt-Birne dran, und ab 1. September 2012 dürfen dann auch keine funzeligen Birnchen mehr verkauft werden. An die Stelle der Glühbirnen sollen Halogen- und Energiesparlampen treten. Auf diese Weise will die EU die Emission von Treibhausgasen um fünfzehn Millionen Tonnen senken.

Im Unterschied zu den meisten Energiesparlampen geben Glühbirnen ein warmes Licht ab, das bläuliche der Leuchtstofflampen wird oft als kalt empfunden. Einige Experten befürchten deshalb, daß das Glühbirnenverbot womöglich eine kontraproduktive Wirkung haben wird, denn der Einsatz von alternativen Energiesparlampen könnte die Menschen dazu verführen, ihre Heizung in den Wintermonaten ein paar Grad höher zu stellen.

Welche politische und kulturelle Brisanz das neueste Verbot aus Brüssel hat, beschrieb der Hamburger Schriftsteller Ulf Erdmann Ziegler in der FAZ: «Der Nachbar darf zwei Tiefkühltruhen unterhalten, mit seinem SUV über die Autobahn jagen und abends mitten in der Stadt einen Kamin entzünden. Dagegen gibt es natürlich ein Mittel. Die Besteuerung nämlich. Wenn man die Energiekosten herunterzwingen will, dann muß Energie eben teuer sein. Warum sollte ein zweiter Durchlauf meiner Spülmaschine gesetzeskonform, der Betrieb meiner Artemide-Leselampe aber illegal sein? Vielleicht möchte die EU übermorgen Zeitungen verbieten, weil man Text doch auch schön auf dem Bildschirm lesen kann.»

Die glühenden Plädoyers ihrer Anhänger werden die Glühbirne vor dem Dunkel der Bürokratie nicht mehr retten können. Eine ganze Epoche geht damit zu Ende. Wer in Zukunft wissen will, wie die Welt einmal mit Glühbirne aussah, muß es sich erzählen lassen oder seltsame Rätselaufgaben lösen:

Nachdem man den ersten Schalter umgelegt hat, wartet man fünf Minuten und schaltet ihn dann wieder aus. Nun betätigt man den zweiten Schalter, geht anschließend nach oben und sieht nach: Brennt die Birne, war es Schalter zwei. Ist sie aus, aber beim Anfassen noch warm, muß es Schalter eins gewesen sein. Wenn sie dagegen dunkel ist und sich kalt anfühlt, kann nur Schalter drei dahinterstecken – oder eine moderne Energiesparlampe!

Status: verglüht.

Grenzen Prinzipiell machen Grenzen nur denen Freude, die auf der «richtigen» Seite sind. Die anderen starren die Wand an, lugen durch Ritzen und Fugen oder hoffen auf

Löcher im Maschendrahtzaun. Kein schöner Anblick. Die USA leisten sich einen 3200 Kilometer langen eisernen Vorhang an der Grenze zu Mexiko. Davon sind sechshundert Kilometer dreifach verstärkt. (Immerhin verlost die Regierung Greencards bei der jährlichen Lotterie.) Nord- und Südkorea können ihren Abgrenzungsbedürfnissen an der 248 Kilometer langen demilitarisierten Zone nachkommen. Die DDR schottete sich in Berlin auf rund 168 Kilometern mit einem Betonwall ab; die innerdeutsche Grenze bot den Grenztruppen auf 1265 Kilometern Gelegenheit, Hunde auszuführen, Minen zu verlegen und Selbstschußanlagen zu installieren.

Da die meisten Menschen aber Menschen mögen, schwindet diese Art von Grenzen. Grenzüberschreitungen sind für Normalsterbliche mindestens lästig, oft beschwerlich, manchmal gefährlich und im schlimmsten Falle sogar tödlich.

Die Faszination, die Grenzen immer weiter vor sich herzuschieben, konnte seit 1966 auch James T. Kirk, Kapitän der Enterprise, erleben. Im Originalvorspann wurde dieses Raumschiff, das drei mit einem Aschenbecher verlöteten Zigarren glich, mit den einleitenden Worten «Space – final frontier ...!» in ein neues Abenteuer geschickt. Das Weltall – die letzte Grenze. In Deutschland konnte man das Wort «Grenze» offenbar schon damals nicht mehr hören: Der ZDF-Vorspann versprach «unendliche Weiten».

Weder Spock, Pille oder Scotty noch die herrlich kurzberockte Uhura ahnten etwas von Virtual Reality, Cyberspace oder Nanotechnologie. Sie hatten auch nie Zollprobleme oder mußten in irgendeinem intergalaktischen Hinterstübchen ihre Koffer auspacken und sich wegen mitgebrachter Medikamente oder Magazine rechtfertigen. Deshalb wissen wir nicht, wie die Grenzbeamten im Pferdekopfnebel auf pornographische Schriften reagiert hätten. Am Grenzübergang Dreilinden gab es jedenfalls noch 1987 tüchtig Ärger.

Die Schöpfer von «Star Trek» faßten eine andere Grenze ins Auge: die der Körperlichkeit, die letzte wahre Grenze. Ständig begegneten der Enterprise mehr oder weniger wohlwollende Energiewolken, die Bewußtsein hatten – und furchtbar viel Text. Und sich glücklicherweise mit den Bordmitteln der Enterprise als wabernder Nebel auf dem Bildschirm in der Kommandozentrale darstellen ließen.

Seit Ausstrahlungsbeginn der «Raumschiff-Enterprise»-Serie mauserte sich Deutschland von einem januskköpfigen Staatengebilde zu einem europäischen Land, welches das Schengener Abkommen unterschrieben hat. Fremde Währungen, Sprachen und Gebräuche wirken nicht mehr ausgrenzend. Das Fremde ist mehr und mehr integraler Bestandteil unserer Identität, fragen Sie Ihren Döner- oder Pizzadealer oder den Hotelier in Ihrem Wochenendhotel in Lissabon.

Die letzten verbliebenen wirklichen Grenzen scheinen naturwissenschaftliche Konstanten zu sein. Der absolute Nullpunkt liegt bei minus 273,15 Grad Celsius. Wer dann noch schwitzt, hat Pech gehabt. Das Licht bewegt sich mit 299 792 458 Metern pro Sekunde fort. Selbst mit frisiertem ➶Mofa kommt man da nicht mit. Fest steht auch, daß eingefrorene Tiere sich zwar auftauen und braten, aber nur in den seltensten Fällen wiederbeleben lassen. Das schaffen nur Bärtierchen und Winkelzahnmolche, aber keine Säuger, so wie wir Menschen welche sind.

Dennoch hat sich die sogenannte Cryonic-Bewegung seit den sechziger Jahren die Überwindung ebendieser Todesgrenze zum Ziel gesetzt. Eine stattliche Anzahl von Menschen – allein in Michigan, USA, soll es heute siebenundachtzig Dauerschläfer geben – wollte sicherstellen, daß ihr Kostbarstes nicht verlorengeht: Sie ließen sich nach ihrem Tod den Kopf abtrennen und einfrieren. Nur die Superreichen nahmen auch den Rest des Körpers mit auf die Reise. Einige legten gleich noch ihre Haustiere *on the rocks.* In Michigan sind es zweiundfünfzig. Fiffi sollte auch 2098 wieder mit von der Partie sein.

Wie sich die tiefgekühlten Herrschaften eines fernen Tages ein Leben als Kopf auf einer nanotechnologieüberwucherten Siegessäule vorstellten, ist nicht überliefert. Die Frage sei gestattet, ob eine Existenzform erstrebenswert ist, in der man die Ängste einer Vase auf dem Sideboard nachvollziehen kann.

Die alten Griechen wußten um die Zerbrechlichkeit alles Seienden. Sie faßten die Grenze der menschlichen Existenz in ihrer Mythologie als fließenden Übergang auf: Vom Hades, dem Reich der Toten, war die Welt der Lebenden durch den Styx getrennt. Dieser Fluß war ebenso giftig wie wunderwirkend. Wer daraus trank, wurde gleich vom Fährmann eingesackt und ins Schattenreich verfrachtet. Wer darin badete, konnte allerdings unsterblich werden: So geschehen mit Achilles. Seine göttliche Mutter Thetis tunkte ihn in die Fluten; nur an der Ferse – dort, wo sie ihn festhielt – blieb eine Stelle frei.

Achilles nutzte seine Unbesiegbarkeit, um als Mensch alle Grenzen des Gewohnten zu sprengen: Er nahm Männer wie Frauen zu Geliebten, mal metzelte er Massen nieder und schändete Leichen, mal stahl er sich in Frauenkleidern davon, um dem Kriegsdienst zu entkommen. Mal war er gnadenlos, mal zerfloß er vor Mitgefühl. Mal war er Held, mal Muttersöhnchen. Angesichts seines prophezeiten Todes sagte er, er diene lieber als Knecht auf Erden, als in der Unterwelt Fürst zu werden. Dann traf ihn Paris' Pfeil in die Ferse, und er überschritt die letzte Grenze. Wie auch immer, eines zeigt dies alles: Grenzen schwinden, bis auf eine – die ewige.

Status: gefallen.

Haare Die Menschen haben zu Haaren ein gespaltenes Verhältnis. Einerseits bekämpfen sie die keratinhaltigen Hornfäden mit allen Mitteln, als seien sie das letzte Übel, das man mit der Wurzel ausreißen könne. Andererseits erflehen sie seit Generationen ihre Wiederkehr. Unsere

Väter versteckten noch Birkenwässerchen und seltsam geformte braune Riffelflaschen, die Zaubermittel für den kräftigen Haarwuchs enthielten, hinter den Spiegeln der Alibert-Schränke.

Heute verschwinden die Haare mehr und mehr. Nicht immer klingen die angestimmten Klagelieder gut. Es fällt zum Beispiel schwer, sich vorzustellen, daß die Betreiber der Internetseite haar-ausfall.com sich die Adresse schon einmal laut vorgelesen haben. Auch haarausfall.net scheint dem Problem eher verharmlosend gegenüberzustehen.

Seien wir ehrlich: Haarausfall betrifft jeden, denn alle Mann verlieren wir sechzig bis hundert Stück pro Tag. Ernsthafte Haarpflege erfordert hauptberufliches *multiple jobbing*: die Tätigkeit als Biochemiker, Heilpraktiker und Ökotrophologe zugleich. Wer mit haarwuchsfördernden Stoffen wie Adenosin, Allantoin, Fucoidan, Minoxidil, Procyanidinen, Aminosäuren und Vitaminen spielerisch umgehen und seinen Säurespiegel mit links regulieren kann sowie zu guter Letzt die Technik der Haarwurzelmassage mit ayurvedischen Ölen im Schlaf beherrscht, soll angeblich gute Chancen haben, den epidemisch verlaufenden Verlust zu stoppen.

S-T-O-P-P-E-N.

Von rückgängig machen redet keiner. Aus Überforderung sehen die meisten also tatenlos zu, wie ihr schütterer Kopfschmuck schwindet und schwindet. Insgeheim weiß jeder, wie lächerlich ein Hahn ohne Kamm aussieht. Ein Suppenhuhn hat mehr Eleganz.

E-kel-haft!

Wir haben das getan, was uns blieb: die Flucht nach vorn angetreten. Was uns klammheimlich ohnehin genommen wird, geben wir scheinbar freiwillig her. Seit etlichen Sommern läuft jeder Gockel mit und ohne Wanst rasierten Hauptes durch die Gegend. So spiegelglatt, daß man nicht mal mehr weiß, ob es da noch Leben im Bannkreis der Fontanelle zu entdecken gibt. Früher waren nur Prototypen wie Kojak und Yul Brynner so geheimnisvoll. Wir Menschen treiben es eben bis in die Spitzen.

Begonnen mit dem Beseitigen der Fellreste haben die Frauen. Und die Resultate dieses Prozesses sind – hoffentlich – unumstößlich. Ein Frauenkörper mit Haaren an den falschen Stellen? Büsche auf dem Venushügel? Haare an den Beinen sind gewiß für jeden ein Abbruch-

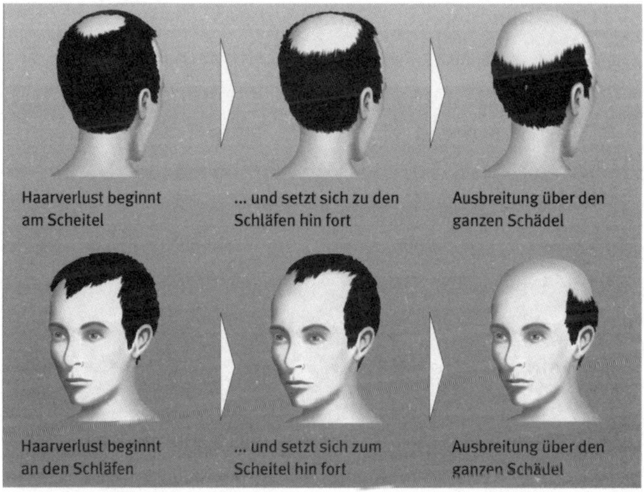

Vor-bild-lich!

kriterium, der mit dreiundzwanzig die erste Nacht zu einer Freundin kam, verzückt ihre Strapse sah – und dem plötzlich alle Libido versiegte, als der Pelz durch die engen Nylonmaschen stach. Auch urfeministische Schreikrämpfe, die in der Rasur weiblicher Beine eine Art Entlaubung des Regenwaldes sahen – und damit einen widernatürlichen Akt –, sind verstummt.

Heute legen Aufenthalte in den Duschen öffentlicher Bäder und Wellnesslandschaften schonungslos Zeugnis ab vom Verlust der Haartracht gerade und vor allem an Männerkörpern. Es begann unter Sportlern mit der zaghaften Rasur der Achselhaare (Gay Movement?). Die verschämte Legitimation war, daß der Schweiß so besser verlaufe. Dann ging es auch um die Haare an den Waden.

Was die Beinchen bei Männern angeht, ist das nachvollziehbar, so es sich um Profiradfahrer handelt: Bei den häufigen Stürzen und vielen Schürfwunden verwachsen die Haare schmerzhaft mit dem Schorf. Da mittlerweile aber bekannt ist, daß die Profis das so machen, denkt jeder Laffe, er könne so tun, als sei er Profi, indem er sich die Beine rasiert.

Von der Lust an der Haarlosigkeit leben mittlerweile ganze Industriezweige. Epilierer, Enthaarungscremes, Ladyshaves – das alles ist seit Jahren in Badezimmern gang und gäbe. Nur: Heute werden sie – wenn auch oft genug heimlich und unter erbarmungswürdigen Umständen – von Männern gleichermaßen genutzt. Von daher wundert es nicht, daß Enthaarungsstudios aus dem Boden schießen wie einst nur Videotheken und bis vor kurzem Sushi-Läden. In ihnen werden Schultern, Augenbrauen und Rücken epiliert, und nicht selten gar der Bart! Meist gibt es Rabattangebote, das Brasilienpaket etwa oder das Hollywoodpaket mit einem ganzen Enthaarungsreigen. Welche preissenkende Kombivariante auch immer gewählt wird, die Durchforstung einer Region muß immer extra gezahlt werden: Mit fünfzehn Euro schlägt die Enthaarung der Pofalte zu Buche, für Männer wie für Frauen. In meiner krausen Vorstellung entstehen dabei bärtige, wachsgelbe Monde. Sie hängen bestimmt als Mobiles an den Decken, ihr spitzer Mund zusammengezogen, als pfiffen sie Figaros Hochzeit.

Status: gespalten.

Hackbraten Hackfleisch, eine halbe alte trockene Semmel in Milch aufgeweicht, Zwiebeln, Knoblauch, Speck, Semmelbrösel, Petersilie, Senf, Kümmel, Salz, Pfeffer, Paprika, Muskat, Oregano und zwei hartgekochte Eier sind die Zutaten für einen ganz besonderen Hackbraten: den Falschen Hasen. Die beiden hartgekochten Eier veredelten die Riesenbulette zum Beinahe-Hasenbraten, den sich arme Familien sonst nicht leisten konnten. Welche Rolle allerdings die Hühnereier bei der Verwandlung von Mischhack in einen Rammler übernehmen, weiß wohl nur der Osterhase.

Jahrzehntelang beherrschte dieses Sonn- und Feiertagsgericht die Küchen und Kantinen der einfachen Leute. Aber der Grund für seinen Erfolg – die billigste Art, Fleisch zu essen – ist es nun auch, der dem Falschen Hasen sein nicht vorhandenes Genick bricht. Der Glaube, immer noch billigeres Hackfleisch produzieren zu müssen, führte dazu, daß nicht alles, was gehackt wurde, auch was für Leckerschmecker war. Eine erste Ahnung vermittelte Wolfram Siebeck 1976 in der «Zeit», für die er den aktuellen Bonner Ernährungsbericht analysierte, in dem bereits Hinweise auf mögliches Gammelfleisch auftauchten – allerdings durch Fachterminologie kaschiert, was Siebeck bedauerte: «Denn was fange ich mit folgender Information an: ‹Da die Lagerung und der Transport des Fleisches beziehungsweise das Auftauen allgemein unter Kühlung, wenn auch häufig unter unzureichender Kühlung, erfolgen, sind für den Oberflächenkeimgehalt psychophile und psychotolerante Mikroorganismen von besonderer Bedeutung, und zwar insbesondere gramnegative, aerobe Stäbchen der Familie *Pseudomonadaceae* sowie auch gramnegative, fakultative anaerobe Stäbchen der Familie *Enterobacteriaceae.*› Aus solchen Mitteilungen besteht nämlich der Band vorwiegend (der Titel ‹Vergiftungsbericht 1976› wäre passender) ... Welcher Facharbeiter verweigert in der Werkskantine den Hackbraten, weil dessen Fleischbestandteile vielleicht gramnegative, aerobe Stäbchen der Familie *Pseudomonadaceae* enthalten, wo es ihm doch schmeckt, obwohl das Halbfleischprodukt in einer braunen Mehltunke schwimmt und mit zerkochten Büchsenbohnen und klebrigem Kartoffelpüree aus der Tüte serviert wird?»

Gut, Wolfram Siebeck ist sicher kein Anhänger des Hackbratens. Aber wer bleibt das schon bei folgender Rechnung: Für das lebende Schwein bezahlt der Großhandel pro Kilogramm zwischen 1,10 Euro und 1,60 Euro. Wer im Supermarkt Hackfleisch für 1,99 Euro kauft – oder noch weniger –, müßte wissen, daß ein solcher Preis nur durch eine vollständige Verwertung des Schweins zu erzielen ist – es gibt keinen Abfall!

In einem Fleischbetrieb im bayerischen Deggendorf vollzog sich im Jahr 2005 die Umwandlung von 750 Tonnen «Schlachtabfall» in Lebensmittel. «Es war bestialisch. Meistens Montag, wenn man hier runtergekommen ist, das war da ein Gestank, den man fast nicht ertragen konnte.» So beschrieb ein Mitarbeiter die Arbeitsbedingungen. «Es lagen verweste Fleischstücke, Hähnchenstücke herum, madenbesetzt. Es waren sehr viele Ratten

Vegetarisch! Wenn ➶ Bonanza-Koch Hop Sing das sieht, springt er vor Wut aus dem Wok!

hier, es waren Raben hier, und die Vögel holten sich die Fleischstücke. Die Ratten waren groß wie Katzen, riesengroße Tiere ... Es stand sehr viel Material rum, das heißt Köpfe, Füße, alle möglichen Schlachtabfälle. Der Boden immer blutverschmiert. Die Boxen, in denen die Schlachtabfälle lagerten, waren schmutzig, nur notdürftig ausgespritzt.»

Das riecht streng, ist eklig und darüber hinaus völlig illegal. Immerhin gibt es wenigstens eine Methode, das Gehackte zumindest optisch vor den Spuren der Verwesung zu bewahren: Wenn es nämlich unter Schutzatmosphäre – einem Gemisch aus Kohlenstoffdioxid und Stickstoff – verpackt wird, behält es länger seine rote Farbe. Die Vermehrung der gesundheitsschädlichen Keime läßt sich so zwar nicht aufhalten, aber die sehen wenigstens appetitlich aus. Wie tröstlich.

Im Jahr 2000 wurde Rinderhackfleisch verkauft, das von BSE-Kühen stammte. Teilweise konnte sogar Gehirnmasse im Fleisch nachgewiesen werden. Allein in den letzten Jahren wurde ein ganzes Mittelgebirge aus Gammelfleisch beschlagnahmt – Januar 2006: 140 Tonnen; September 2006: 95 Tonnen; August 2007: 180 Tonnen; September 2007: 41 Tonnen. Und das ist keine vollständige Statistik. Jede vierte Fleischprobe in Deutschland, die Lebensmittelkontrolleure überprüfen, wird bemängelt. Wen wundert es, daß der Hackbraten in den letzten Jahren von unseren Tellern verschwand?

Im Falschen Hasen tickt sogar noch eine zweite gesundheitsgefährdende Zeitbombe. Denn auch die Eier sind mittlerweile mit Antibiotika, Salmonellen, Nitrofen oder Dioxin verseucht. Da kann man gleich zu McDonald's gehen. Und genau das machen die Menschen auch. Dort heißt der Hackbraten Big Mac und wird zwischen Sauce und Schlabberbrötchen versteckt. Das Schönste dabei ist: Es behauptet erst gar niemand, daß es gesund sei.

Status: verdorben.

Heiratsschwindler «Die Begruessung!!! Ich habe Ihre Struktur gewaehlt, weil ich denke, dass wir der Freund zum Freund naeher werden konnten, oder sich einfach gut und besser umgehen, einander studieren! Ich habe einsam, und vor unserer Zeit ich keinen geliebten Menschen. Ich mache es mit den ernsten Absichten. Und, hoffe ich mich, dass Sie auch! Ich suche den Menschen der konnte liebend werden und der wird strebt liebend mich. Der Mensch kann nicht ohne Liebe leben, und sucht es bis zu den letzten Kraeften! Und wenn findet, erfuellt best und die gluecklichen Tage des Lebens!!! Mein Ziel – die Bildung der warmen, ernsten und rechtmaessigen Beziehungen. Ich will die Liebe finden!!! Wenn ich Sie interessiert habe, antworten Sie mir! Ich werde warten.»

Wie schön. Sie wartet. Und was für ein inniger Brief: Die ganze Inbrunst der russischen Seele weht uns hier an, ohne einen Hauch von Wodka. Jedes holprige Wort berührt uns. Wir denken an «Dshamilja» von Tschingis Aitmatow. Doch es ist nur Irina. «Ich habe einsam.» Wer hat das nicht, Irina, wer hat das nicht?

Rein optisch ist die Einunddreißigjährige nicht von schlechten Eltern. Am Ende ihrer Annonce im Internet fügt Irina nämlich noch ein Foto von sich bei; die Dame ist jung, schön, schlank und offenbar etwas devot, wenn man ihrem Blick trauen darf. Hammer.

Genau. Hammer. Das gilt auch für weitere zwischenmenschliche Mitteilungen, die sich im Internet finden: «Hallo wollte gern von ihnen wissen ob ich an eine betrügerin geraden bin. sie hat von mir schon 1550 Euro bekommen für den aufenthalt in Deutschland. visum wie sie sagt 31 tage güldig für jeden tag 50 euro plus 600 euro für die reise hier her nach deutschland (Pass, Ticket, Visum = 570 € geschickt 600 €). jetzt ist ihre Großmutter im Krankenhaus und sie hat meine 1550 € dem Krankenhaus gegeben für die OP. es fehlen aber noch 650 € für die OP ihrer Großmutter. das heißt wen sie dann kommen will wen die Großmutter wieder gesunt ist braucht sie um zu mir zu kommen nochmal 1550 € von mir. sie schickte mir von sich wunterschöne Bilder wo sie aussieht wie ein Model (Profieaufnahmen). auch eins wo sie halb nackt ist und sehr sehnsüchtig schaut.»

Der um Fassung, Satzbau und Orthographie ringende Herr hat noch nicht alle Hoffnung fahrenlassen. Er war zwar im Netz nicht auf unsere schon liebgewonnene Irina gestoßen, sondern auf Darya. Diese dürfte aber eine Cousine zweiten Grades der obengenannten Irina sein. Beide aus dem Clan der Kaputtnikowskis. Und um die Eingangsfrage zu beantworten: Werter Herr, Sie wurden nach Strich und Faden belogen und betrogen. Das Geld ist weg. Die Oma gab es auch nie. Fraglich, ob es überhaupt eine Irina oder eine Darya gibt. Wahrscheinlich stecken eher Pjotr und Iwan hinter alldem, die mit Übersetzungsprogrammen arbeiten und im Internet fingierte Annoncen schalten.

Das Internet hat eine neue Art von Heiratsschwindlern ans bundesdeutsche Tageslicht befördert und hält viele unangenehme Überraschungen bereit. So stellt der spendable, heiratswillige Mann im besten Alter häufig fest, daß er vom Pech verfolgt wird: Gerade noch hat er die Flugkosten und Visagebühren gen Bangkok überwiesen, da wird ihm schon mitgeteilt, die Angebetete Pim Phi sei leider schwanger geworden, habe Aids oder leide ab sofort an einer lebenslangen Schreibblockade. Kommen könne sie auf jeden Fall nicht

Von wegen also Hoffnung: Es ist die Dummheit, die zuletzt stirbt. Die meisten vergessen das (oft übrigens aus Dummheit), und so sind sie verführbar. Die Betrüger sind anonyme Herren in Nizhny Novgorod oder Phetchaburi. Und die kann man in den seltensten Fällen überführen. Man weiß ja nicht einmal, wo genau sie hausen. Die klassischen Witwentröster zwischen Wupper und Wannsee, die Kurschatten und Lügenbarone in feinem Zwirn jedenfalls gibt es kaum noch; der gute alte Heiratsschwindler ist beileibe nicht mehr das, was er mal war. ((Entschuldigung, einmal im Buch muß dieser Satz vorkommen. Er ist immer seltener zu hören, wahrscheinlich, weil man damit einräumt zu altern. Das macht ja heutzutage keiner mehr (➶ Senioren). Jedenfalls nicht gerne und laut.))

Es ist davon auszugehen, daß es nach 1945 vorzugsweise vereinsamte, wohlhabende Kriegerwitwen traf, später vermehrt die durch die sogenannte sexuelle Revolution angeheizte Frau in den besten Jahren: Zu alt für die freie Liebe, zu jung, um ungeküßt zu sterben, fing sie nur allzuleicht Feuer.

Das «Verschweigen von Tatsachen» im Zusammenhang mit der Eheanbahnung war nur bis 1975 ein Fall für das StGB. Wer verheimlichte, daß er schon verheiratet war, und ein neues Eheversprechen gab, brach das Gesetz. Heute gibt es lediglich noch den Straftatbestand des Betrugs, bei dem es nicht mehr um gebrochene Herzen, sondern um leere Konten, ausgeräumte Bankschließfächer oder geplünderte Taschen geht. Der Staatsanwalt greift nur ein, wenn jemandem durch ein Heiratsversprechen «ein nachweisbarer Vermögensschaden» entstanden ist. Wie auch immer, der klassische Heiratsschwindel war gestern, und es traf die Frauen. Heute heißt es Bride-Scam, und es sind vor allem Männer, die Männer via Internetbetrug übertölpeln. Eine ganz eigene Art von Geschlechtergerechtigkeit.

Da kommt ein großer Lügenbold mit dackelkurzen Beinen und langer, spitzer Nase wie ein Fossil daher. Ein 59jähriger mit gekauftem Adelstitel wurde im Januar 2008 zu zwei Jahren auf Bewährung verurteilt. Er hatte sich bei Treffen mit Kontakt suchenden Damen auf der Düsseldorfer Kö wahlweise als Mitglied des britischen Königshauses, Arzt, Multimillionär oder sogar CIA-Agent ausgegeben. Seine Kleidung und entsprechende Visitenkarten ließen ihn glaubwürdig erscheinen. Er richtete Schaden in Höhe von 350 000 Euro an. Von der einen borgte er sich das Geld für einen Geländewagen, von der nächsten für einen Rolls-Royce. Nach dem Kauf meldete der feine Herr die Wagen als gestohlen. Die dritte brachte er dazu, ihre Lebensversicherung in Höhe von 200 000 Euro aufzulösen, und machte sich, ein Klassiker, mit dem Geld aus dem Staub.

Oder nehmen wir, als zweites Beispiel für diese aussterbende Spezies, Frank Ficker, laut «Bild»-Zeitung «Deutschlands frechster Heiratsschwindler». Er trieb sein Unwesen – soweit bekannt – mit sechzehn Frauen, vor allem in den neuen Bundesländern. Alle so um die Fünfzig. Er bezirzte sie, schenkte Blumen und Konfekt. Er bot den Damen ein reichhaltiges Unterhaltungsprogramm: «Gondelfahren, Kaffee auf dem Markusplatz, Küsse auf der Seufzerbrücke – Liebesurlaub in Venedig. Ein Traum für jede Frau.» Doch dann kam das böse Erwachen: «Er hat mich in der Gondel verschaukelt.» Seine Fertigkeiten sollen an Zauberei gegrenzt haben, berichtet eine seiner Gattinnen, die er ausnahm wie eine Weihnachtsgans. «Immer wenn es ums Bezahlen ging, war Herr Ficker weg. Da war dem schlecht, da hatte der Durchfall, da war es dem übel, da kriegte der keine Luft mehr. Herr Ficker war weg. Der Fußboden öffnete sich, und Herr Ficker war weg.» Weil er nicht zahlen wollte, der Herr Ficker! Denn er war ja auch kein Geschäftsführer, sondern bezog nur eine kleine Rente. Aber dafür muß er jetzt büßen: Im September 2007 wurde er zu einem Jahr und sechs Monaten Haft verurteilt.

Überführt wurde Frank Ficker schließlich – laut MDR – von einem Papagei. Als sich seine damalige Gattin Maria in der gemeinsamen Wohnung laut und deutlich am Telefon mit ihrem angenommenen Namen Ficker meldete, krächzte der Papagei hinter ihr: «Hallo, Ulla!» Das kam Frau Ficker spanisch vor.

Status: von gestern.

Helden Helden sterben aus. Das liegt nicht an der Natur des Helden selbst, sondern an den modernen Bedingungen. Menschen mit außerordentlichen Kräften bieten sich an jeder Ecke an, aber wir nehmen sie nicht mehr ernst. Das ist auch eine Frage des Alters: Je betagter man ist, desto weniger Heldenhaftes sieht man in der Welt. Helden gibt es nun mal nur, solange Menschen an sie glauben. Zum Helden gehört die Öffentlichkeit wie der Zaubertrank zu Obelix; ohne sie kann er nix.

Batman würde elend in seiner High-Tech-Höhle samt Butler versauern, wenn die Bürger von Gotham City ihn nicht riefen; brauchen sie ihn, projizieren sie mit riesigen Suchscheinwerfern ein Fledermaussymbol in den Himmel. Odysseus wäre ein Niemand, hätte sich Homer seiner nicht überaus überzeugend angenommen. Und wäre die SED-Führung nicht am 9. Oktober 1948 zu der Auffassung gelangt, die dramatisch sinkende Kohleproduktion müsse durch eine heldenhafte Tat wieder angekurbelt werden – Adolf Hennecke, wackerer Bergmann im Kohlerevier Zwickau-Oelsnitz, hätte am 13. Oktober desselben Jahres einen Tag wie jeden anderen erlebt. So aber übererfüllte Hennecke den Tagesplan mit sagenhaften 348 Prozent (manche raunen gar: 387 Prozent). Beispiellos und unerreicht. Sapperlot! 24,4 Kubikmeter Kohle hat Hennecke gefördert. Was übrigens so schwer nicht war. Er durfte sich den ertragreichsten Stollen aussuchen, alles Werkzeug wurde ihm gereicht, und wenn man weiß, daß man am nächsten Tag in den Massenmedien des Landes als Held der Arbeit gefeiert wird, kann man sich auch schon mal ein bißchen mehr ins Zeug legen. (Einige seiner Kollegen warfen Adolf Hennecke übrigens anschließend von Herzen dankend die Fensterscheiben ein. Das Prinzip «höhere Leistung bei gleichem Lohn» kam richtig gut bei ihnen an.)

Gerade die geographische und damit emotionale Nähe zu den ehemaligen Ostblockstaaten hat Helden hierzulande schwer in Mißkredit gebracht. Nur die Jungs und Mädels im Comic dürfen noch rumstrahlen, Antimaterie husten oder Beton mümmeln. Der Rest der Welt hat Einkommensverhältnisse. Held der Arbeit ist heute nicht mehr als ein lächerlicher Titel. Jedem «Mitarbeiter der Woche» im Baumarkt sieht man seine Verlegenheit an, zur Schau gestellt zu werden.

Wir begnügen uns also mit Schwundstufen der einstigen Giganten. Unsere Helden sind Helden des Alltags, und wir zeichnen sie für bürgerschaftliches Engagement aus. Sie sind ehrenamtlich tätig, spenden Blut oder gleich Organe, zeigen Zivilcourage und Idealismus, und hier und da fischt mal einer einen Lebensmüden aus dem Fluß. Noch eine Nummer kleiner, hätte Herkules wohl gedacht, und es gäbe Orden fürs Einatmen, für einen wahren Helden wie ihn ist das Gedöns, mit dem Ausmisten des Augiasstalles nicht annähernd zu vergleichen.

Der wahre Held will das Absolute, er will vollständige Erlösung, Befreiung, Glück – und zwar für alle. Keiner der eingangs genannten Racker erfüllt aber dieses wichtige Heldenkriterium: das der völligen Selbstlosigkeit. Batman trieb zum Beispiel der Hass gegen die Mörder seiner Eltern. Odysseus hatte listenreich den Sieg über Troja mitherbeigeführt, irrte dann aber auf der Rückfahrt zehn Jahre durch die Gegend – eigentlich wollte er nur nach Hause zu seiner Holden. Auch Hennecke wird der versprochene Ruhm nicht gleichgültig gewesen sein. Er wurde Mitarbeiter in der Staatlichen Plankommission der DDR. Das macht sie alle Mann ebenso sympathisch wie letztlich nicht vertrauenswürdig. Von wegen Gemeinnutz vor Eigennutz!

Die Aura eines Helden speist sich aus der Verehrung, Hinwendung und Anerkennung, die ihm ob seiner Großtaten gewährt werden. Die Tatkraft des Heroen selber speist sich aus seiner Motivation. Ohne absolute Selbstlosigkeit kein vollständiges Heldentum. Der omnipotente Held hat damit kraft unseres Wortes ein für allemal ausgedient. Was bleibt, sind Idole.

Jeder von uns identifiziert sich dabei mit jeweils anderen ersehnten Eigenschaften. Wir bewundern vererbte oder erworbene Charakteristika, bewußt oder unbewußt zimmern wir unser Ego-Ideal. Je nach Geschlecht hätten wir gerne den Körper von Beyoncé oder Brad Pitt, die Intelligenz eines Stephen Hawking, das wirtschaftliche Geschick eines Bill Gates oder meinetwegen auch die Gaben eines Cristiano Ronaldo, die üblichen Verdächtigen also. Wir halten uns für besonders gewitzt, wenn sich die menschlichen Objekte unserer Identifikation nicht wöchentlich in «Gala» oder «Bunte» finden lassen. Auf die Verträglichkeit der einzelnen Eigenschaften achten wir wenig.

Das tapfere Schneiderlein (links) beim ersten Transenball mit seinem Partner Ledermausi.

Zu George Bernard Shaw soll eines Tages eine wohlgelittene junge Dame gekommen sein und sich recht eindeutig als Gattin angeboten haben. Ihr schlagendes Argument: Er möge doch an die wahrlich tollen Kinder denken, die dieser Verbindung entspringen könnten. «Mit Ihrer Intelligenz und meinem Aussehen, Herr Shaw, was könnte es Schöneres geben?» Shaw soll erwidert haben: «Schon, aber stellen Sie sich vor, es läuft umgekehrt!» Wie wir uns auch mühen: Unsere persönliche Optimierung bleibt Stückwerk. Heroen taugen dabei nur noch bedingt als Vorbilder.

Unser persönliches Lieblingsidol, vormals Superheld,

ist übrigens die menschliche Fackel, einer der Fantastischen Vier. Sich verzehren können, ohne sprichwörtlich verbrennen zu müssen, das hat was. Man kann immer ohne Gefahr weiterrauchen, Kalorien werden spielend verbraucht, und das Erdöl der Araber ist einem schnurz. Man kann fliegen, Feuerbälle werfen, anderen Dampf unterm Hintern machen, und das Allerbeste ist: Man kann das Feuer auch ausschalten und dann küssen. Super. Das reicht erst mal für den Hausgebrauch.

Status: vom Aussterben bedroht.

Herrenhandtasche Einiges an Unart ist uns im Laufe unserer Karriere als Mensch schon zugemutet worden: zum Beispiel die orangegelbbraunen, psychedelischen Farbmuster der Kinderzimmertapete, die einen nach dem Auszug aus dem elterlichen Haus in die Drogenabhängigkeit trieben, weil man sonst nahtlos dem kalten Entzug ausgesetzt gewesen wäre. Formkatastrophen und Verkaufsflops wie der Mazda 121, wahlweise das Ei oder die Käseglocke genannt, kreuzten und störten unsere Kreise. Oder jenes Spielzeug, das aus zwei granatenharten Vollplastikkugeln bestand, die an circa zwanzig Zentimeter langen Schnüren hingen. Die wiederum an einem Ring. Durch leichtes Auf und Ab der Hand sollte man die beiden Kugeln dazu bringen, erst unten gegeneinanderzuschlagen, dann oben. Klick, klack sollte es machen. Aua-

aua kam dabei raus: Ein einziges ungelenkes Zucken, und die aus der Bahn geratenen Kugeln zertrümmerten Kinderknöchlein. Manche Dinge sind einfach nicht völlig durchdacht.

Wie auch Omas Tee- und Kaffeekannen, die jahrzehntelang noch einen Tropfenfänger brauchten, damit der Inhalt ausschließlich in die dafür vorgesehenen Behälter floß. Oder Kernkraftwerke. Und dann eben die Pestilenz unter den Pockenkranken: die Herrenhandtasche.

Jungs, die die Klickklacks mehr oder weniger unbeschadet überstanden hatten, sahen ihre Handgelenke nun von der Herrenhandtasche traktiert, dafür gab es eigens eine Schlaufe. Dem auf die Adoleszenz hinwachsenden Zögling wurde sie gerne zu seiner Konfirmation geschenkt. Genau der richtige Zeitpunkt, um ihn zu übertölpeln. Gerade erst dem Alter blinder Sammelwut entronnen – noch lagen Steinsammlungen in Pralinenschachteln herum –, besaß der dreizehn-, vierzehnjährige Täufling nicht genug Chuzpe, um weiten Teilen der Erwachsenenwelt guten Geschmack abzusprechen.

Und er erkannte noch nicht, was er da eigentlich in den Händen hielt. So Beschenkte berichten heute zwar, daß sie angesichts der zahlreichen Innentaschen auch eine subtile Vorfreude empfunden hätten; sie glaubten, daß ein so teures Accessoire zwangsläufig verschiedene Verwendungszwecke haben müsse und sich gewiß mit zahllosen Kostbarkeiten füllen würde. Außerdem gab – und gibt es immer noch – ein logistisches Problem, das sich nicht von der Hand weisen ließ: Wohin mit dem

Ein Herz für Herrenhandtaschen: Horst Schlämmer mit dem «Schnapper aus Nappa».

Portemonnaie? Bot da die Herrenhandtasche nicht den entscheidenden Ausweg?

Schlaghosen, bei denen fünfzig Prozent des Stoffes erst ab dem Knie abwärts Verwendung fanden, waren Mitte der siebziger Jahre auch für die Herren in Mode. Oft zeichneten sich Gesäßfurchen und Kronjuwelen deutlich unter dem dünnen Stöffchen ab. Da war kein Platz mehr für eine Gesäßtasche, geschweige denn für ein Portemonnaie darin. Anzug und Jackett waren nicht mehr zwingend das einzig opportune Outfit, es sei denn, man wollte als spießig gelten. Wohin also mit all den unverzichtbaren Utensilien? Geldklammern waren auf einmal wieder beliebt, Wechselgeld in Münzen wurde nur unter Protest entgegengenommen. Aber nicht nur das Geld: Wohin sollte man Dokumente und Ausweise tun, die überlebensnotwendigen Autoschlüssel und Zigaretten? Oder die Pfeife? Und wenn wir schon mal dabei sind: Wohin mit Feuerzeug, Mundwasser und Flaschenöffner? Als Lösung wurde uns die Herrenhandtasche angedreht.

Für viele war es schockierend – einen solchen Anblick war die Öffentlichkeit nicht gewohnt. Allenfalls in der katholischen Kirche hatte man Männer so inbrünstig Devotionalien schwenken sehen. Und die rochen nach Weihrauch. Die Herrenhandtasche hingegen müffelte, roch nach chemisch behandeltem Leder. Da ein Großteil der herrenhandtaschentragenden Mannheit sich zudem aus unerfindlichen Gründen verabredet hatte, winzige dauergewellte Löckchen zu tragen, Minipli genannt, hatten diese strammen Jungs schnell den Ruf, einen Hauch zu Doris-Day-mäßig rüberzukommen. Tuntentäschchen, Detlevschleuder und Schwulettenbeutel waren daher Beinamen des Tragwerks.

Unbedarfte wie Modewütige nahmen den Spott mit Fassung. So homophob die Gesellschaft damals auch noch war, Filme wie «Ein Käfig voller Narren» (1978) verkündeten doch, daß im vorangegangen Jahrzehnt ein liberalerer Geist Einzug gehalten hatte. Die Herrenhandtasche war eine der unerwünschten Begleiterscheinungen dieses Prozesses.

Historisch betrachtet, eroberten sich die Männer allerdings nur ihr einstiges Privileg zurück: Im Mittelalter trug der Mann Taschen am Gurt, aus Stoff und Leder, die

Frauen zogen erst später nach. Sie hatten ja Schürzen. Anscheinend neidisch auf alles Beutelförmige, das man außen am Körper bei sich tragen konnte (war ein WITZ!!), legte sich die Damenwelt ins Zeug und entwickelte den Inbegriff aller tragbaren Stoffbehälter: Der Pompadour, ein von selbiger Madame, einer französischen Adligen und Mätresse Ludwigs XV., kreierter Beutel, der gern mit Puderdosen, Riechsalz und Operngläsern gefüllt wurde, war im 18. Jahrhundert allerorts an weißen Damenknöcheln zu sehen. Doch schon das Nachfolgemodell, populär im 18. und 19. Jahrhundert, wurde verballhornt: Eine Umhängetasche mit etwas längerer Kette hieß man das Ridikül, was den Kundigen sogleich an die Bedeutung des französischen Worts «ridicule» erinnert: lächerlich. Auch in der Damenwelt war dieser Siegeszug der Tasche letztlich engeren Paßformen, namentlich den immer enger werdenden Miedern, geschuldet.

Doch zurück zum Mann der siebziger Jahre. Er stakste auf Plateauschuhen durch die frisch betonierten Fußgängerzonen deutscher Innenstädte, seine zitronencremefarbene Hose im Schritt zu eng, am Fuß zu weit, sein vollsynthetisches Hemd erlaubte die optimale Ausbreitung von schnitzelgroßen Achselflecken. Sah man diese hybride Figur am Obststand in der Herrenhandtasche nach Geld nesteln und sich – Innentaschenkläppchen hier, Druckknöpfchen dort – ihrer Untiefen annehmen, wurde man schnell gewahr, daß hier zwei Arme nicht reichten: Die Tasche verschwand unter der Achsel, und das wirre Gefummel ging dann mit dem Portemonnaie weiter. Und danach das Ganze wieder rückwärts, dann aber noch mit der Tüte Pflaumen in der Hand. Tüte, Portemonnaie und Tasche: zuviel für den Mann. Ein Debakel.

Selbst bei den weichgespültesten Herren kam allmählich ein Unbehagen auf, das auf die Frühzeit des Menschen und seinen Urinstinkt zurückzudeuten schien. Zur Bekämpfung der hinter Bäumen und Büschen lauernden Feinde und Bären brauchte man zwei freie Hände. Und noch nie wurde ein Säbelzahntiger erlegt, indem man ihm einen mit Pfeifenreinigern gefüllten Lederbeutel über den Schädel zog. Kurz, der Mann fühlte sich unwohl.

Unweigerlich kam die Frage nach einer anderen Taschenvariante für den Herrn auf. Halbherzige Zwischenlösungen gab und gibt es viele: Ledertäschchen für den Gürtel, Brustbeutel, Hüfttaschen, Schulter- und Beinholster waren zwar abwechslungsreiche und mitunter martialisch anmutende, aber doch irgendwie unpraktische Alternativen. Es ist der altbewährte Rucksack, der seitdem eine Renaissance erlebt. Die Herrenhandtasche dagegen existiert nur noch als Bezeichnung für ein Sixpack Bier.

Die Lage hat sich inzwischen also einigermaßen beruhigt. Trotz Handy und Palm, die es zusätzlich zu transportieren gilt: Mann und Modeindustrie haben eingeräumt, daß eine Umhängetasche oder eben der Rucksack die einzig passenden Transportmittel für maskuline Utensilien sind. Das sehen heute, zwanzig Jahre nach dem Verschwinden der Herrenhandtasche, auch die letzten ein, so zum Beispiel ein gewisser Klaus in seinem packenden Tatsachenbericht:

«Zwei Tage mit der neuen Umhängetasche sind um, und ich muß sagen, daß ich bisher recht begeistert bin. Die Taschen sind leer, und man kann nun auch ein paar Sachen mehr mitnehmen als früher. Meine Freundin ist höchst zufrieden und findet die neue Selbstverständlichkeit richtig gut – so gut, daß sie sich gleich mal Tasche Nr. 36 zugelegt hat.» Allerdings könne er sich noch nicht dazu durchringen, nun auch das Portemonnaie in der Umhängetasche zu verstauen. Ein merkwürdiges Gefühl halte ihn davon ab. Das Portemonnaie verweile nach wie vor in der Jackeninnentasche. «Vielleicht ist das ein wenig mit den Känguruhbabys zu vergleichen, die verlassen auch nicht sofort den Beutel der Mutter.» Natürlich, Klaus. So wird's sein. Bestimmt.

Status: perdu und passé.

Hi-Fi Deutschland war in den siebziger und achtziger Jahren ein Land von Fetischisten. Und diese führten Glaubenskriege über den richtigen Umgang mit ihrem Fetisch. So gab es zum Beispiel die Trocken- und die Naßfraktion: Manche Hi-Fi-Anlagen-Besitzer spielten ihre Vinylplatten prinzipiell nur naß ab; für Trockenfans waren diese Platten dann nicht mehr verwendbar, da sie ohne

Feuchtigkeit knisterten und rauschten. Die Trockenabspielanhänger unterteilten sich noch einmal in jene, die ihren Plattenspieler mit einem Mitlaufbesen ausgestattet hatten, und jene, die das ablehnten. Der Mitlaufbesen sollte eigentlich den Schmutz aus den Rillen fegen. Seine Gegner befürchteten allerdings, daß er die Platte eher beschädigen und durch Reibung die Geschwindigkeit des Tellers verringern würde.

Es gab Vinylfreaks, die die eingeschweißte LP ganz vorsichtig an der Seite mit einer Rasierklinge öffneten, die Platte anschließend auf eine ➶Compact Cassette überspielten, um sie schließlich bis ans Ende aller Zeiten ins Cover zurückzustecken. Und es gab Leute, die sämtliche Stecker ihrer Anlagen gegen goldene oder silberne Spezialstecker austauschten, in der festen Überzeugung, auf diese Weise hörbare Qualitätsverbesserungen zu erreichen. Auch heute stößt man noch vereinzelt auf Firmen, die entsprechendes Zubehör anbieten: «Handverlesene Kupferstränge aus dem Jahr 1954 machen das TMD-Audiokabel klanglich so einzigartig, weil sie sich laut Anbieter nicht mehr in dieser Qualität produzieren lassen. Doch damit nicht genug: Die ausgewählten Strippen werden in mühevoller Handarbeit mit Baumwollfäden umwickelt, in Seide gehüllt und schließlich mit goldenen Cinchsteckern verlötet. So viel Aufwand will bezahlt werden: Beispielsweise kostet ein Meter der Kabelvariante ‹Inca Red› 1799 Euro.»

Als großes Problem galten lange Zeit falsch dimensionierte Boxenkabel. Zu dünn waren die doppeladri-

Das erste Diktiergerät als Bausatz mit Nahbesprechungsstuhl. So sah Hi-Fi früher aus ...

gen Litzen angeblich immer. Um von Hi-Fi-Spezialisten ernst genommen zu werden, mußten die Kabel mindestens daumendick sein. Im gesamten Bundesgebiet gab es Fachgeschäfte, die bei solchen Problemen Abhilfe schaffen und sogar armdicke Boxenkabel liefern konnten. «Hi-Fi im Hinterhof», «Hi-Fi im Wohnzimmer», «Hi-Fi-Wohnstudio» hießen die Tempel der Gläubigen. Hier standen Anlagen, die teurer als Autos waren, und Lautsprecher in den futuristischsten Formen. Überhaupt Boxen, sie wurden schnell das A und O der Soundfreaks. Um unerwünschte Vibrationen zu vermeiden, verwendete man gern aufgeschnittene Tennisbälle als Gummifüße. Es gab Bausätze, mit denen aus Pappe Boxen gefaltet werden konnten, die fast zwei Meter hoch waren.

Natürlich schieden sich auch daran die Geister, wie beim Aussprechen von «Hi-Fi»: «Hai-Fi» oder «Hai-Fai»?

Daß der Ton nicht allein die Musik macht, zeigte sich in der wachsenden Bedeutung des Designs einer Anlage. Schon in den fünfziger Jahren hatte die Firma Braun mit dem SK 4, dem sogenannten Schneewittchensarg, einen Gebrauchsgegenstand auffallend gestaltet. Nun gab es Anlagen mit verchromtem Metallgehäuse, die mit Leuchtdioden und aufwendig blinkenden Anzeigeinstrumenten ausgestattet waren. Das Design von Plattenspieler, Cassettendeck, Verstärker und Tuner war nun aufeinander abgestimmt. Der echte Hi-Fi-Profi kaufte natürlich die Komponenten einer Anlage von verschiedenen Herstellern. Die Auswahl wurde zum Zeichen wahrer Kennerschaft: Der Plattenspieler mußte von Thorens sein, das Cassettendeck von Nakamichi, der Verstärker von Marantz, Kenwood oder Yamaha. Der Tuner konnte dann von Sony stammen.

Mit dem Einzug der CD Mitte der achtziger Jahre starb der Plattenspieler schnell aus; der Kampf um den besten Sound ging in die nächste Runde. CDs ließen sich zwar nicht naß abspielen, aber auch hier gab es überraschende Experimente: So hieß es, wer mit einem grünen Edding den Rand einer CD bemale, könne ihren Klang deutlich verbessern. «Der Auslöser für diesen Unsinn war nachweislich ein Aprilscherz», sagt Thomas Sporer vom Fraunhofer-Institut für Digitale Medientechnologie. «In Wahrheit klingt eine CD, solange man sie nur pfleglich behandelt, immer gleich.» Eine Wahrheit, die sich unter den Hi-Fi-Spezialisten nicht durchsetzen konnte. Im Gegenteil, unbeirrt malten sie weiter auf den Polycarbonatscheiben herum. Schon bald spaltete sich auch hier die Schar der Gläubigen, als einige festzustellen glaubten, daß man mit einem schwarzen Stift bessere Ergebnisse erzielen würde als mit einem grünen. Diese abenteuerliche Erkenntnis konnte nur durch eine noch abenteuerlichere Theorie gestützt werden: Der Farbauftrag schlucke das verirrte Streulicht vom Laserstrahl, der die CD abtaste. Ansonsten würden die Reflexionen endlos durch die Scheibe geistern und die Leseoptik verwirren. Die Folge wäre ein matter und fahler Klang.

Die Firma Braun konnte bei diesen ständigen Innovationen nicht mehr mithalten und stieg 1991 aus der Produktion von Hi-Fi-Anlagen aus. Die anderen – zum großen Teil japanischen – Hersteller versuchten, durch neue Produktlinien ein ähnliches Schicksal zu vermeiden. Inzwischen werden Tonbandgeräte und Plattenspieler kaum mehr gebraucht. Über das verklingende Zeitalter der Musikanlage schrieb das «Zeit-Magazin» im August 2007: «Es ist interessant, einen Blick in die Mediensupermärkte zu werfen: Außer Marantz oder Denon gibt es kaum noch einen Großserienhersteller, der ehrgeizige Hi-Fi-Geräte im Angebot hätte. Überall sonst dominiert, was für den Konsum von Downloadmusik ausreicht oder für die Fernsehhintergrundbeschallung mit Mehrkanalanlagen benötigt wird. Der puristische Stereoton für heikle Ohren wird nur noch von kleinen und kleinsten oder teuren und teuersten Manufakturbetrieben, vorzugsweise aus England, mit Equipment bedient. Die Zeit, als eine respektable Musikanlage ein intellektuelles Statussymbol war, mit dem man Kenntnis und Geschmack oder Dummheit und Geld beweisen konnte, ist lange vorüber. In vielen Wohnzimmern gibt es heute gar keine Stereoanlage mehr, die Musik kommt vom Computer oder von dem tragbaren Abspielgerät, das an ein kleines Lautsprechermodul angedockt wird.»

Der iPod hat die Hi-Fi-Welt radikal verändert, obwohl er so aussieht, als käme er direkt aus der Designschmiede von Braun. 1958 baute man dort den T3, ein Taschenradio für unterwegs – den älteren Bruder des iPod!

Status: ausgeschaltet.

Honecker, Margot Es gibt Menschen, die haben Aura, Charisma, denen fliegen die Herzen ihrer Mitmenschen zu, ohne daß sie selbst etwas dazu beitragen müssen. Dieser Gattung Mensch gehört Margot Honecker eindeutig nicht an. Im Gegenteil, sie war lange Zeit die mächtigste, aber auch meistgehaßte Frau der DDR.

Dabei hatte ihre Karriere im real existierenden Sozialismus ganz verheißungsvoll begonnen: Mit einem Kuß und einem Blumengesteck bedankte sich die Jungsozialistin aus Halle bei Wilhelm Pieck nach einer Rede, die dieser 1948 in ihrer Heimatstadt hielt, und eroberte sich durch diese entwaffnende Geste einen Platz im Herzen des damaligen SED-Vorsitzenden. Pieck konnte die junge FDJ-Funktionärin nicht mehr vergessen – er ernannte Margot Feist zur Vorsitzenden der Pionierorganisation Ernst Thälmann und holte sie als Sekretärin des Zentralrats der FDJ nach Berlin. Hier lernte sie Erich Honecker kennen. Auch bei ihm verfing ihr damaliger Charme. Honecker ließ sich von seiner Frau scheiden, um 1953 Margot ehelichen zu können.

Auf der Karriereleiter ging es für sie an der Seite des Ex-Dachdeckers Erich nun immer weiter nach oben. Nachdem sie zunächst 1958 Stellvertreterin des Volksbildungsministers geworden war, saß sie fünf Jahre später selbst auf dessen Stuhl. 1976 wurde Erich Honecker Staatsratsvorsitzender: Die Honeckers waren im Zentrum der Macht angekommen. Auf Fotos wirkten die beiden zwar häufig wie ein harmloses Rentnerpärchen, in dem man eher linientreue Laubenpieper vermutet hätte – er mit zu kleinem Trilby-Hut, sie mit fast lila gefärbten Haaren –, aber sie waren die Taktgeber der sozialistischen Diktatur.

Es war kein Zufall, daß Erich Honecker sich diese Frau ausgesucht hat, meinte der Psychoanalytiker Reimer Hinrichs: «Erich Honecker bleibt bei einer Frau, die von sich selbst beruflich stets in der maskulinen Form spricht ... Welcher Mann nimmt so eine Frau? Ganz sicher einer, der Stärke nach außen sucht; dies ist aber in der Regel dann besonders nötig, wenn die Stärke innen fehlt.» Über diese verfügte Margot Honecker, was sich in ihrem autoritären und ideologischen Pädagogikmo-

Erich und Margot H. zogen bei der volkseigenen Lotterie im Oktober 1965 zufällig zwei Hauptgewinne.

dell niederschlug. Und so machte sie sich über fast drei Jahrzehnte erbitterte Feinde, die sie als «Miss Bildung», «Lila Hexe» oder «Blaue Eminenz» schmähten. Niemand wußte genau, wie groß ihr Einfluß auf Honecker war, aber dessen Sekretär Frank-Joachim Hermann erinnerte sich: «Margot Honecker war nicht ungefährlich. Sie hat es wohl gelegentlich genossen, damit Wirkung erzielen zu können.»

Während eines Interviews, das der «Spiegel» 1991 mit Erich Honecker führte, zeigte sich die Rollenverteilung in der Ehe der Honeckers allzu deutlich:

«Frage: ‹Sehen Sie aus heutiger Sicht grundlegende Entscheidungen, die Sie als Generalsekretär und Staatsratsvorsitzender getroffen haben, die Sie heute vielleicht anders treffen würden?›

Margot Honecker: ‹Das würde ich jetzt nicht machen, Erich.›

Erich Honecker: ‹Nun also ...›

Margot Honecker: ‹Also umfassender würde ich das jetzt nicht machen. Ich weiß, woran Sie interessiert sind. Das ist klar, aber das würde ich in einem anderen Zusammenhang machen.›»

Der Haß auf Margot Honecker hat sowenig nachgelassen wie ihr eigener fester Glaube an die Segnungen des Sozialismus. Zum achtzigsten Geburtstag – am 17. April 2007 – rechnete der ehemalige Jungpionier Holger Witzel im «Stern» mit der ehemaligen First Lady der DDR ab: «Hallo, Margot, alte Hexe, ... noch heute sind lästig große Areale meines Gehirns mit Pionierliedern und albernen Thälmann-Gedichten verkleistert, für die ich nirgendwo mehr Beifall bekomme. Sie und Ihre pädagogischen Handlanger haben dafür gesorgt, daß ich kein Abitur machen konnte, obwohl ich bis zur zehnten Klasse immer nur Einsen hatte ...» Dabei war das Bildungsdesaster noch harmlos gegenüber anderen Verfehlungen, die Margot Honecker zu verantworten hat: Als Ministerin hatte sie Zwangsadoptionen der Kinder von Republikflüchtlingen und Oppositionellen veranlaßt. Nur weil die Taten verjährt waren, konnte ihr später nicht mehr der Prozeß gemacht werden.

1992 verließ Margot Honecker ihr vorläufiges Fluchtdomizil Moskau in Richtung Chile. Ihr Mann wurde nach Deutschland ausgeliefert und angeklagt, flog aber 1993, nachdem er aufgrund seiner schweren Krebserkrankung freigelassen wurde, zu ihr. Diese Wiedervereinigung der Honeckers konnte Harald Schmidt damals nicht ganz unkommentiert lassen: «Honecker wird jetzt doch bestraft, aber die Strafe heißt nicht lebenslänglich, sondern Margot.»

Am 29. Mai 1994 starb der langjährige Staatsratsvorsitzende der DDR und Mann von Margot Honecker an Leberkrebs. Sein Leichnam wurde eingeäschert, die Urne in Honeckers Wohnzimmer aufgestellt. Margot Honecker lebt heute immer noch mit der Asche ihres Lebens im gemeinsamen Haus in Santiago de Chile. Vom deutschen Staat erhält sie eine Rente in Höhe von 1500 Euro. Mit ihrer Tochter soll sie sich inzwischen zerstritten haben. Nur wenig von ihr dringt an die Öffentlichkeit. Daß dies so ist, hat sicherlich auch mit der Bedingung zu tun, die der chilenische Staat den Honeckers für ihr Aufenthaltsrecht auferlegt hatte: Das Paar sollte sich mit öffentlichen Äußerungen zurückhalten. Nur selten verläßt Margot Honecker das Haus; in den wenigen Interviews spricht sie von ihrem verstorbenen Mann als «der Honecker». Der Haß auf sie ist immer noch groß, sie selbst ist aber schon fast verschwunden.

Status: abgetaucht.

Hütchenspieler Er trug eine Sonnenbrille, nannte sich Salvatore, sprach mit italienischem Akzent und hatte drei Nüsse. Eigentlich waren es nur Nußschalen, die er geübt blitzschnell hin und her schieben konnte. Rund eine Million Zuschauer verfolgten regelmäßig seine Auftritte bei RTLplus und bekamen die Möglichkeit, mit einem Anruf, durch richtige Nennung des Aufenthaltsortes einer Erbse, zwischen fünfzig und hundert Deutsche Mark zu gewinnen. RTL nutzte mit der Sendung «Pronto Salvatore» einen Trend, den es Ende der achtziger Jahre in sämtlichen europäischen Metropolen gab: Organisierte Hütchenspielerbanden bevölkerten die Fußgängerzonen, in denen sie reihenweise naive Touristen ausnahmen. Schnell hatten auch RTL und Salvatore eine Klage am Hals: Ein Zuschauer fühlte sich vom RTL-Mafioso reingelegt, dabei konnte man bei ihm gar kein Geld verlieren.

Auf der Straße, der wirklichen Heimat der Hütchenspieler, mußte man eigenes Geld einsetzen. Am Anfang gewann man auch, was dazu führte, daß man bereit war, mehr zu wagen. Das ging natürlich irgendwann schief. Das Hütchenspiel war eben kein Glücks- oder Reaktionsspiel, sondern organisierter Betrug, der sich aber nur schwer nachweisen ließ. Tauchte die Polizei auf, steckte der Spieler routiniert die Nußschalen in die Tasche, trat gegen den Pappkarton, der soeben noch als Spielunterlage gedient hatte, und ging seiner Wege. Hinter jedem von ihnen steckte eine ganze Bande, wie die Polizei warnte:

«Wenn es wärmer wird, sind an den touristischen Anziehungspunkten Berlins immer wieder die sogenannten Hütchenspieler anzutreffen. Kleingruppen, meist Staatsangehörige Ex-Jugoslawiens, locken ahnungslosen Berlin-Besuchern das Geld aus der Tasche. Das Hütchenspiel läuft wie folgt ab:

Ein Spieler hockt vor einem kleinen Teppich, auf dem sich drei Schachteln und eine kleine Kugel befinden. Um den Spieler stehen mehrere Personen, die anscheinend am Mitspielen interessiert sind (‹Anreißer›). Der Spieler versteckt nun die Kugel unter einer der drei Schachteln, beginnt diese zu verschieben und fordert dabei die umstehenden Personen auf, den Verbleib der Kugel zu bestimmen. Einer der ‹Anreißer› setzt jetzt einen Geldschein auf die Schachtel, unter der sich die Kugel befindet, und gewinnt. Damit wird den Passanten vorgegaukelt, man könne auf leichte Weise Geld gewinnen. Spielt ein Außenstehender mit, erhöht der Spieler die Geschwindigkeit beim Verschieben der Schachteln und läßt – für den Außenstehenden unbemerkt – die Kugel verschwinden. Somit hat dieser keine Möglichkeit zu gewinnen und verliert immer. Neben dem Spieler und den ‹Anreißern› gibt es noch weitere Beteiligte, die, abgesetzt vom eigentlichen Spielbereich, unbemerkt das Umfeld beobachten und vor der Polizei warnen.»

Nicht selten wurden Touristen auf diese Weise um mehrere hundert Euro erleichtert. Wer seine Niederlage nicht einsehen wollte, bekam von der Bande noch zusätzlich eins aufs Hütchen. Trotz europaweiter Warnungen in allen Medien vor dem fingierten Glücksspiel – die Polizei verteilte darüber hinaus Flugblätter in verschiedenen Sprachen und Symbolen – wurde die Staatsgewalt des Treibens der Männer mit den drei Nußschalen nicht mehr Herr. Es mußten schwerere Geschütze aufgefahren werden. Im Oktober 2005 verbot etwa die Stadt Wien das Hütchenspiel grundsätzlich. Die Begründung war allerdings ähnlich undurchschaubar wie die Hütchenspielertricks: «Beim Hütchenspiel handelt es sich nicht um eine konzessions- bzw. bewilligungsfähige Ausspielung i. S. d. § 2 Abs. 1 GSpG, weil dem Teilnehmer nur der Spieler ohne Auftreten eines Unternehmers gegenübersteht. Allerdings bleibt im Anwendungsbereich des Glücksspielgesetzes zu beachten, daß dessen verwaltungsstrafrechtliche Bestimmungen zurücktreten, sobald ein Sachverhalt den gerichtlichen Straftatbestand des § 168 StGB erfüllt. Besonders interessant ist bei Bejahung der Glücksspieleigenschaft des ‹Hütchenspiels›, daß auch der Spielteilnehmer gerichtlich zur Verantwortung gezogen werden kann, wenn bei ihm die Beteiligung als gewerbsmäßig anzusehen ist.» Aha.

In der deutschen Hauptstadt Berlin brachte ein Gerichtsurteil im April 2006 die Wende. Der erste Hütchenspieler wurde zu einer Zahlung von 1500 Euro verurteilt, weil die Richter das Vortäuschen einer Gewinnchance bereits als Betrug bewerteten. Das Spiel war aus. Ganz haben die Hütchenspieler aber noch nicht aufgegeben: Mittlerweile kann man sie im Internet buchen. Dort bieten sie an, gegen Honorar – beispielsweise auf

Messen – Besucher zu unterhalten und dabei für Unternehmen zu werben:

«Der Hütchenspieler fordert die Besucher auf, sich die Lage Ihrer Firmenkarte oder einer grünen Erbse genau einzuprägen und später zu lokalisieren. Aufgrund einer perfekten Illusion wird sich die Karte/Erbse nie dort befinden, wo der Besucher sie vermutet. Werbewirksam wird während dieses kleinen Spiels der Name *Ihrer Firma* in der Stunde bis zu hundertfünfzigmal genannt ... Auch dürfen die Besucher um Ihre Give-aways spielen: Als Gewinn gibt es zum Beispiel eine Trickkarte mit Ihrem Firmenlogo – Weiterverwendung sicher.»

Es gibt ihn also noch, den Hütchenspieler. Was der Rest der Bande auf der Messe macht, ist aber ungeklärt, wie der Verbleib von Salvatore. Irgendwann muß er doch mal bei 9Live auftauchen, oder etwa nicht?

Status: verzockt.

Iiih, Pudel! Es gibt wenige Lebewesen, die häßlicher sind als ein frisch geschorener Pudel: der *Heterocephalus glaber* vielleicht, zu deutsch: der Nacktmull (➶Pillhuhn). Oder dieses keckernde, lästige Megafrettchen, das immer die krötenähnliche Riesenschnecke Jabba the Hutt in «Der Krieg der Sterne» umschwänzelt.

Man mag sich eigentlich gar nicht mehr mit dem Pudel befassen: Er ist der Inbegriff alles Überkandidelten geworden. Nicht genug, daß die letzten Exemplare herumlaufen, als hätte Oskar Schlemmer ihnen Kostüme für eine Wiederaufführung des «Triadischen Balletts» von 1922 verpaßt. Nein, für diese Bestie werden tatsächlich Ganzkörpergummianzüge in Farbkombinationen wie pink-schwarz oder gold-blau und selbstgestrickte Strampler hergestellt. Nur die Pfötchen und das Köpfchen lugen heraus.

Es sei dahingestellt, ob der Pudel ein solches Outfit aus Neigung trägt oder sein Frauchen – Herrchen würde sich schämen – es ihm aufdrängt, so wie Mutti einst dem Buben das Lederhöschen zurechtlegte. Denn schon der Hang zur Fehlfrisur macht den Pudel zum Nerd unter allen Kötern. Der Pudel haart nicht. Okay, dafür kann er nichts. Aber deshalb muß er im Vergleich zu allem anderen bellenden Getier überproportional häufig geduscht werden. Und geföntt. Und gekämmt. Bis er wieder aussieht wie ein riesiges verformtes Wattestäbchen. Kennen Sie außerdem ein – nur ein! – Tier, das sich auf den Jahrmärkten so leicht aus wurstähnlichen Luftballons nachformen läßt? Bezeichnenderweise treffen wir sie überall dort an, wo einst die absonderlichsten Kreaturen und Monstrositäten zur Schau gestellt wurden. Und dann noch dieser kecke, aufreizende und über alle Maßen eingebildete Gang. Was denkt der Kerl sich bloß?

Unserer Kenntnis nach ist bislang niemand hart genug ins Gericht gegangen mit den Groß-, den Klein- und den Zwergpudeln dieser Welt. Auch der Toy-Pudel, das

Sechs Pudel: Johanna, Hannelore, Rosi, Uschi, Rita und Marlies, alle aus einem Wurf.

ist die Miniaturausgabe des Zwergpudels, blieb bislang verschont. Aber nur, weil niemand die Hinterfotzigkeit des Pudels wirklich durchschaut hat. Flauschig, wauschig, puschelig und wuschelig kam er all die Jahre an der Seite von Wilmersdorfer Witwen und Bad Salzufler Suffragetten daher. Doch der Pudel ist ein Jagdhund, er ist erpicht auf Enten. Das ist seine Natur. Von wegen Schoßhündchen auf adligem, faltigem Tüll. Daher stand er auch so häufig begossen da, die Löwenmähne in triefenden Strähnen am Körper, den bleigefüllten Erpel im Maul.

Vom Wasserhund soll er abstammen, einer Rasse, die im 6. Jahrhundert von den Mauren nach Spanien verbracht wurde. Für diese wenig bekannte Theorie spricht auch sein Name: Im Althochdeutschen bedeutet «pfudel»: «Pfütze».

Dem Einsatz im Nassen verdankt er seine Standardfrisur, die ihn vollends der Lächerlichkeit preisgibt: Ein nackter Hintern und rasierte Beine sollten ihn vor Verwicklungen mit Schlingpflanzen bewahren. Die Fellknäuel um die Knöchel dienten der Erwärmung, und in seine gekräuselte Fellmütze, die ihn aussehen ließ wie ein Cheerleaderpuschel mit Nase, band der Jäger eine bunte Schleife, damit er nicht aus Versehen auf ihn schoß. Na huchchen!

In Paris, der Hauptstadt der Hochnäsigen, erging es dem gockelhaften Köter viele Jahre noch schlechter: Zu Reinigungszwecken wurde er bis in die fünfziger Jahre des letzten Jahrhunderts in voller Fellmontur durch die Röhren der Kanalisation gehetzt. So entwickeln wir bei aller gesunden Abneigung unvermittelt doch ein wenig Mitgefühl. Wer einmal als Zweimetermann im Bus als Deckenbürste diente, ahnt, wie der Pudel damals leiden mußte. Und wer die in den siebziger Jahren modischen Rollkragenlätzchen zu tragen hatte, die nur bis zur Brust gingen, unter den karierten Synthetikhemden aber den Eindruck erweckten, man habe einen ganzen Pullover an, der weiß, wie unwohl, wie unendlich unwohl man sich in seiner Haut fühlen kann.

Natürlich ist es vor allem das Aussehen des Pudels,

das ihm das Leben schwermacht. Da mögen seine Züchter noch so sehr seine Vielseitigkeit, seine Kinderliebe, Intelligenz und Reinlichkeit loben: Keiner will mehr an seiner Seite gesehen werden. Es geht ja auch keine Frau von Welt mehr mit Lockenwicklern im Haar zum Einkauf. Männer übrigens auch nicht.

Erste Gerüchte sprechen von entlegenen Heimen, in denen betreutes Pudelwohnen in Anonymität möglich sein soll. Hier jedenfalls könnte der Pudel sein randständiges Dasein ungeschoren fristen. Hier wäre ihm die Auseinandersetzung mit den bohrenden Fragen seiner Existenz möglich. Fragen, die er sich bislang nicht zu stellen traute: Was hat der Golden Retriever, was ich nicht habe? Warum findet selbst eine röchelnde Knautschzone, Mops genannt, prominente Fürsprecher wie Loriot? Möpse, schreibt Loriot, «sind mit Hunden nicht zu vergleichen. Sie vereinigen die Vorzüge von Kindern, Katzen, Fröschen und Mäusen.» Vereinen nicht Pudel, so gesehen, auch die Vorteile von Barbiepuppen, Hamstern, Erdmännchen und Königspinguinen? Loriot schrieb weiter: Ein Leben ohne Mops sei zwar möglich, aber sinnlos. Hat je ein Mensch unserer Zeit sich so für den Pudel ins Zeug gelegt?

Des Pudels Stern sinkt. Er bedarf der Rettung, finden seine Züchter. So hat der Pudel-Zucht-Verband 82 e.V. die Aktion «Pudel in Not» ins Leben gerufen. «Es werden Pudel vermittelt, die durch die verschiedensten Umstände in Not geraten sind.» Verschiedenste Umstände? Verschiedenste Frisuren, muß es ja wohl heißen!

Ende 2008 wurden neunundzwanzig völlig verwahrloste Hunde aus einem Einfamilienhaus in Schwäbisch Hall von Amtstierärzten befreit. Achtundzwanzig der Tiere waren Pudel. Ein Zufall?

Ist es, summa summarum, also wirklich nur die Tatsache, daß der Pudel alle sechs bis acht Wochen zum Friseur muß und den Laden verläßt wie ein Schwein mit Perücke und Tutu, ist es allein diese Äußerlichkeit, die ihn hat aus der Mode kommen lassen?

Ja.

Und zu Recht.

Im Kern ist der Pudel sicher ein guter Kerl. Wie der Dackel. Nur, der hat nun wirklich objektiv betrachtet so peinlich kurze Beine, daß er mit dem Lauf der Welt gar nicht mehr mithalten kann.

Wenn die Menschen sich an einer Attraktion sattgesehen haben, wollen sie die nächste. Die steht schon für happige zwölfhundert Euro in den Startlöchern. Ladies and Gentlemen, Pudel sind out; kaufen Sie Hybriden, kaufen Sie Labradoodles, Cockerpoos oder Puggles. Das sind die Welpen von Labradors und Pudeln, von Cockerspaniels und Pudeln sowie das Produkt von Beagle fucks Pug (Mops) oder umgekehrt. «Labrador und Pudel passen gut zusammen», berichtet freudig ein Züchter, «denn die Labradoodles sind gute, sensible und leicht erziehbare Familienhunde und durch den Pudelanteil auch bestens für Allergiker geeignet.»

Es gibt Tage, da würde man gerne eine Klapperviper oder eine Skorpiorantel auf die Welt loslassen. Nur die

Pudel sollen verschont bleiben. Die haben schon genug gelitten ...

Status: auf den Hund gekommen.

Jo-Jo Einst war es eine tödliche Waffe: In der Steinzeit nutzten die ersten Menschen einen Prototyp, um wilde Tiere zu erlegen. An langen Schnüren hingen Steine, die man bei sich bietender Gelegenheit auf die ahnungslose Beute werfen und wieder einholen konnte, um sie erneut zu attackieren. Bei Streitigkeiten mit mißliebigen Nachbarn war das sicher ebenfalls praktisch.

Bis ins 16. Jahrhundert hinein sollen die Ureinwohner auf den Philippinen ähnlich gejagt haben. Angeblich lagen sie in den Baumkronen auf der Lauer, von wo sie schwere Kugeln, die an sechs Meter langen Seilen befestigt waren, auf ihre Beute niedersausen ließen. Das tödliche Geschoß nannten sie «Yo, Yo» («Komm, komm»). Auch ihre Kinder benutzten schon weniger letale Versionen des Jo-Jos, womöglich um sich auf den Ernst des Lebens vorzubereiten: Es gilt nach der Puppe als zweitältestes Spielzeug der Welt. Auf einer griechischen Vase im Berliner Antikenmuseum ist ein Knabe mit Jo-Jo zu sehen.

In den Wirren der Französischen Revolution entwickelte sich das einstige Kinderspielzeug dann zum Zeitvertreib reiferer Jahrgänge. Wellington und Napoleon sollen sich bei Kampfpausen mit dem Jo-Jo entspannt haben. Der erste große weltweite Boom wurde in den dreißiger Jahren des vorigen Jahrhunderts ausgelöst. Der philippinische Einwanderer, Student und Liftboy Pedro Flores hatte 1928 in den USA die Firma «Yo Yo» gegründet, die einfache Jo-Jos aus Holz fertigte. Zwei Jahre später übernahm Donald F. Duncan Sr. die Firma, ließ sich Markennamen schützen und entwickelte ein neues, geniales Leerlauf-Jo-Jo, mit dem diverse Kunststükke möglich waren. Um sein Produkt besser vermarkten zu können, tat er sich mit dem Zeitungsmogul William Randolph Hearst zusammen. Der warb nicht nur in seinen Blättern für Duncans Jo-Jos, sondern berichtete auch über die von diesem veranstalteten Wettkämpfe und machte die Sieger zu Stars. Jo-Jo-Spielen entwickelte sich zum Massenphänomen. Duncans Firma verkaufte ab 1930 pro Monat weltweit zwei bis drei Millionen Jo-Jos. Erst der Zweite Weltkrieg unterbrach den Erfolg der runden Scheibe mit dem Faden.

Den letzten großen Boom gab es in Deutschland in den achtziger Jahren. In einer «Wetten, dass..?»-Sendung entzündeten zwei Kandidaten Hunderte von Streichhölzern, die auf dem Boden befestigt waren, mit ihren Jo-Jos. In der Woche drauf stürmten Deutschlands Schulkinder die Spielzeugläden, auf der Suche nach geeigneten Modellen. Es gab sie in allen Farben und Formen, teilweise beleuchtet oder mit Fliehkraftkupplungen ausgestattet. Aber so schnell Jo-Jo-Spielen zum Massenphänomen geworden war, so schnell ebbte der Trend auch wieder ab.

Ein frühes Jo-Jo. Die Tatsache, daß es auch wieder hochrollen konnte, wurde erst 1963 entdeckt.

Inzwischen haben Jo-Jos nur noch wenig gemein mit einem Kinderspielzeug. Es sind aufwendig produzierte Sportgeräte aus hochwertigen Materialien, die mitunter mehr als hundert Euro kosten und mit denen man atemberaubende Kunststücke vollführen kann: «Melk the Cow», «Ride the Horse» oder den «Sleeper». Beim «Sleeper» rotiert das Jo-Jo in einer bodennahen «Ruheposition», in welcher es so lange wie möglich gehalten werden soll, bevor man es wieder nach oben zieht. Der bis heute gültige Weltrekord liegt bei neun Minuten und siebenundvierzig Sekunden. Es werden sogar Jo-Jo-Welt- und -Europameisterschaften ausgetragen. Populär jedoch sind Jo-Jos nicht – wer kennt schon den aktuellen Deutschen Meister? Außerhalb der Jo-Jo-Szene ist die runde Scheibe praktisch ganz verschwunden. Es scheint, ihr Schicksal hängt an einem dünnen Faden. Aber vielleicht vollführt sie ja nur mal wieder ihren «Sleeper»-Trick und kommt irgendwann wieder nach oben.

Status: abgedreht.

Kaugummiautomaten etc. Einst beherrschten rote und rostbraune Kästen den Geist vieler Kinder. Die Epoche der Automaten war eine geheimnisvolle Zeit, in der das gesamte Universum noch analog zu sein schien, ohne daß man den Begriff überhaupt kannte. Diese Welt funktionierte rein mechanisch und war voller tiefgründiger Rätsel. Sie begann unterzugehen, als die ersten rot blinkenden Digitaluhren mit LED-Anzeige in Konkurrenz zu den staubigen Getrieben traten. Bis dahin hatte man noch die Hoffung, das dem mechanischen Imperium innewohnende Geheimnis würde sich eines fernen Tages offenbaren, denn die Gesetze, nach denen die Automaten schalteten, waren für Kinder unverständlich.

Für jeden Lebenszweck gab es da eine Maschine, die gegen kleines Geld die seltsamsten Dinge tat. Geräte zum Beispiel, die Bahnsteigkarten ausspuckten und dafür sorgten, daß Oma aus dem Osten sich mit zwei Koffern allein die Treppen runterquälen mußte, weil Vati aus Prinzip kein Geld für die Erlaubnis ausgab, Bahnsteige zu betreten.

Ebenfalls im Bahnhofsmilieu lungerten alles überragende Automaten, groß wie Standuhren, herum, mit denen man die Dimensionen seines Körpers überprüfen konnte. Man nannte sie Personenwaagen. Klobige Messingräder taten darin ihren Dienst. Für Kinder lag die Vermutung nahe, daß fette Leute weder Zug noch U-Bahn fahren dürfen.

Vergleichsweise selten, aber dafür um so erstaunlicher waren später öffentliche Geräte, die ratternd Kurven preisgaben, an denen man ablesen konnte, wie man sich fühlte. So ließ sich das innere Befindlichkeitslevel nach oben oder unten korrigieren. Sie errechneten den Biorhythmus auf der Grundlage von Daten, die wohl nur der Mann im Mond kennt.

Und schließlich gab es Automaten, die Angriffe auf die härteste Substanz bargen, die unser Körper hervorbringen kann – die Zähne. Deshalb ermahnte Mutti uns, diesen Gerätschaften fernzubleiben. Auch aus hygienischen Gründen. Doch wir waren schwach. Gerieten wir in den Einzugsbereich dieser roten Kästen voller bunter Kugeln, waren alle Ermahnungen vergessen, und wir kramten in den Taschen unserer Lederhosen nach einem Zehnpfennigstück. Über die Republik verstreut, flankierten die Kisten sirenengleich die Schulwege.

Schätzungen zufolge hingen im Jahr 2003 noch 280 000 bis 800 000 dieser Gerätschaften an den Fassaden deutscher Häuser. Längst sind sie leer, gleichen

Zwei Kaugummiautomaten. Links der «K753», bei dem erstmals die Bezahlung mit EC-Karte möglich war.

den Schädeln kaputter Roboter, die man an die Wand gehängt hat und aus deren erloschenen Augen die Mahnung spricht: Alles Tun ist leer und eitel. Alle Begierde sinnlos.

Erst einen, später zwei Groschen mußte man in den Mechanismus einführen, den oft hakelnden verchromten Knauf drehen, um dann vorsichtig die Klappe anzuheben. Was würde in der Öffnung liegen? Ein Miniaturfeuerzeug? Ein Taschenmesser? Oder doch nur ein schnödes, kugelförmiges Kaugummi mit fünfzehn Millimeter Durchmesser? Die Hoffnung starb auch hier zuletzt.

Doch in Zeiten, in denen kleistergelbes und erdferkelrosafarbenes Eßpapier als Delikatesse galt, mundete selbst ein Kaugummi in den Geschmacksrichtungen «Aliengekröse» und «Blumenerdebrei» vorzüglich. Wie Perlentaucher ihren wertvollsten Fund, trug man es zuerst ein Stück des Weges in der Hand und rang dabei erfolgreich die Enttäuschung nieder, nur ein Kaugummi erhascht zu haben. Die Kugel färbte die Handinnenflächen derweil rot, gelb, orange, grün oder blau, und was einen dann erwartete, das wußte man: harte Kau- und Mahlarbeit bei magerer geschmacklicher Ausbeute, ernste Probleme bei der Blasenbildung und minimale Knalleffekte, dazu ständig Bißwunden in der Zunge. Am nächsten Tag meldete sich die Sehnsucht trotzdem wieder, wenn man sich der Apparatur näherte.

Die kleinen roten Kästen locken heute niemanden mehr. Nachdem 1974 das Überraschungsei seinen süßen Triumphzug antrat, verloren die Kinder nach und nach den Spaß an den Automaten. Außerdem machte Hubba Bubba so schöne Blasen.

Auch andere Süßigkeiten verschwanden von der Straße. PEZ zum Beispiel, eine Bonbonmarke, die 1927 in Österreich entstand und ihren Namen vom PfeffErminZ hat. Ihr globaler Siegeszug begann 1951, als die rechtekkigen Klümpchen mit den abgerundeten Sicherheitsekken in feuerzeugartigen Spendern verstaut wurden, die immer wieder neue lustige Köpfe hatten. Kippte man Goofys, Schweinchen Dicks oder später Darth Vaders Rübe nach hinten, schob sich aus ihren Kehlen ein Bonbon. Jede neue schwer aufzuknibbelnde Packung lag wie

Munition in der Hand. Die Marke PEZ, zwischenzeitlich in amerikanischem Besitz, ist heute übrigens wieder in österreichischer Hand und schreibt tiefschwarze Zahlen. Der Handspender ist ein begehrtes Sammelobjekt. Ein persönlicher Automat für die Tasche.

Damit wir uns hier nicht mißverstehen: Dies ist keine Wehmut. Fast jede Gerätschaft, die man heute so besitzt – Nasenhaarschneider, Espressoautomaten, Epilierer –, hat mehr Sex-Appeal als die alten rostigen Kästen von damals. Aber die Primitivität und Einfältigkeit der damaligen Apparate treibt einem doch die Tränen der Rührung in die Augen.

Bei der Nutzung tauchte eine Freude auf, die nur noch erleben kann, wer bei Ausflügen auf ein Fernrohr mit Münzeinwurf stößt. Oder aber man bestaunt den ÖPNV in München, will ihn aber partout nicht nutzen. Leicht erregt nehmen wir das strenge Regelwerk zur Kenntnis: «Wenn Sie ohne Fahrkarte einen Bahnsteig der S- oder U-Bahn betreten wollen, der durch Bahnsteigsperren oder sonstige Bahnsteigabgrenzungen gekennzeichnet ist, benötigen Sie eine Bahnsteigkarte. Diese ist am Automaten erhältlich und ab Entwertung eine Stunde lang gültig. Die Bahnsteigkarte kostet 30 Cent.» Es sind die Letzten ihrer Art, auf die wir hier treffen ...

Status: verrostet.

Kavalier Seit berittene Truppen weltweit zurückgepfiffen werden, geht es auch mit dem Kavalier nicht voran. Und das nicht nur aus etymologischen Gründen (Ritter, Reiter und Kavaliere sind alle mit dem französischen «cheval», dem Pferd, verwandt).

Die Grandezza des zuvorkommenden Mannes beruhte einst auf dem Umstand, daß die Frauen ihm Rückzugsräume gewährten, in denen der sonst so ritterliche mit seinesgleichen nach Herzenslust aasen, blöken, saufen, pupsen und raufen konnte. Frauenversteher kann nur sein, wer zuvor Zeit hatte, sich selbst zu erfahren. Erst dann wieder tauchte der Galan in schnieker Gardeuniform auf und trat vor die Augen der Damenwelt. Schutz war die vordergründige Aufgabe des Kavaliers, zum Schuß kommen letztlich sein Ziel.

Seit die Frauen die Spezies Mann allerdings unter verschärfte Beobachtung gestellt und ihr Lebensglück an dessen Unterlassungen geknüpft haben, lahmt der Kavalier. Edle Gesten wie Tür-Aufhalten, Aus-dem-Mantel-Helfen und Stuhl-Zurechtrücken führen nicht mehr zu einer besseren Pole-position beim großen Rennen. Hier und da noch ein Schnaufen, ein Schnauben seinerseits, geblähte Nüstern, aber nirgends mehr verzückte Damen mit verklärtem Blick und dem Ausruf: «Also, *das* ist ein wahrer Kavalier!» Doch bedenken Sie, meine Damen: Es wird noch ganz schön einsam im Sattel, wenn das Pferd erst mal tot ist.

Status: trottet Richtung Abdeckerei.

Klosteine Beginnen wir vergleichsweise harmlos, mit einem Klassiker: Sie stehen in einer überfüllten Straßenbahn, Stoßzeit. Es ist Sommer. Die Bahn hält an, ein Mann steigt zu. Nicht notwendigerweise ein Bauarbeiter. Er stellt sich neben Sie, nur dort ist noch ein wenig Platz. Sie sehen die graue Kunstlederschnalle von der Decke baumeln, dann seinen Arm, der sich langsam hebt. Ein Schweißfleck erscheint, die Hand des Mannes legt sich in die Schlinge. In diesem Moment riechen sie es – das aberwitzige Gemisch, das in seiner Achselhöhle hängt und sich zusammensetzen muß aus: harzigem Deo, dem Aroma eines ungeduschten Grizzlys, Chemieabfällen, konzentrierter Angst und Aggression in beliebig hohen Dosen. Jeder kennt diese nasen-, ja menschenverachtende Mischung aus Körpergeruch und billiger Tünche. Man muß nicht zu den ein bis drei Prozent der Bundesbürger gehören, die laut einer Studie allergisch auf alle künstlichen Geruchsstoffe reagieren, um zu wissen, wie stark einem so etwas zusetzen kann. Sie finden, das ist eklig? Wie haben Sie dann das Zeitalter der ersten Klosteine überlebt?

Ein Problem, das der Schriftsteller Christian Kracht nicht zu haben scheint. Die Autoren des Buches «Breites Wissen. Die seltsame Welt der Drogen und ihrer Nutzer» zitieren ihn auf Seite 42 mit der Behauptung, daß sich Urin und Klosteine zu einer sexuell stimulierenden Droge verbinden können, den sogenannten Poppers (➶ Popper). Man müsse nur kurz nach dem Wasserlassen den Kopf in die Schüssel stecken und die Mischung aus

Ammoniak und Chlornitrat einatmen. Umgehend stelle sich ein starkes Rückenschaudern ein, der sogenannte Piss-Shiver.*

Schlimmer geht's nimmer. Was der Achsel entströmt, ist Veilchenduft im Vergleich zu den Schwaden, die über Pißpötten wabern. Auch ohne Tiefeninhalation sind die Zumutungen des klassischen Klosteins unerträglich. Dereinst in Kinderzeiten, als die umhäkelte Klopapierrolle auf den Hutablagen der Opel Admiral und der Ford Taunus von der verzweifelten Suche nach wahrhaft stillen Örtchen zeugte, in jenen Tagen lauerten in öffentlichen Pissoirs atemberaubende rote oder blaue Kugeln auf die Bedürftigen wie Venusfallen auf Fliegen. Wohlwollende Naturen konnten Obertöne von Essigessenz oder gar Kirscharomen erschnüffeln. Nüchternere Nasen dachten nur an Flucht. Die Autoren kennen Menschen, die die Autofahrt von Berlin nach Grenoble im Simca absolvierten und dabei streng jedes Benutzen von öffentlichen Toilettenhäuschen vermieden, um dem Brechreiz zu entgehen; entwürdigende Darbietungen in Straßengräben wurden dafür ohne Murren in Kauf genommen.

Die Ergebnisse der aktuellen Kloforschung sind eindeutig: Der Klostein, selbst in seiner neueren Variante als sogenannter WC-Duftspender, hat allenfalls eine Existenzberechtigung in öffentlichen Toiletten, die nicht

* Nein, herzlichen Dank. Die Autoren haben kein Interesse an den Ergebnissen Ihrer persönlichen Testläufe. Bleiben Sie gegebenenfalls einfach stiller Genießer.

regelmäßig gesäubert werden. Im günstigeren Fall überlagern heute Zitronen- und «Meeres»-Aromen den penetranten Uringestank. Mitunter dringen aus versteckten Aromamaschinen sogar Gerüche zum Pott durch, die die Rezeptoren im Riechkolben und zuständige Stammhirnareale als «Oh, lecker Kaffee!» oder «Mensch, ein Croissant könnte ich auch mal wieder essen!» übersetzen. Diese Raumbedufter, die Behaglichkeit und Umsatz fördern sollen, sind für den Puristen – sorry, wir sind welche – eine einzige olfaktorische Belästigung.

Früher roch es einfach nur nach Unfall im Chemiewerk. Intuitiv verstand man: «An diesem Ort geschieht nichts Gutes. Wenn meine Blase nicht tüchtig Druck macht, habe ich maximal noch fünf Minuten zu leben.» Dabei ist die bakteriologische Wahrheit so einfach: Ein gut geputztes Klo riecht überhaupt nicht und braucht auch keine Klosteine. Im Gegenteil: Hinter den Plastikgittern, die grüne Klumpen namens «Bergfrisch» in der Schüssel halten, sammelt sich leicht Kalk an. Bakterien und Keime lassen sich nur kurz von der Leistungsfähigkeit der Stinkesteine beeindrucken. Sie hören nicht. Sie sehen nicht. Aber ihre chemischen Rezeptoren reagieren auf die Umwelt. Man nennt das Riechen. (Wir Menschen kennen das. «Riecht nicht gut» bedeutet: Weg hier, nicht anfassen, pfui, baba, erst recht nicht in den Mund stecken. «Riecht lecker» bedeutet: Essen oder begatten.) Da kann man schon verstehen, daß sich mancher Ein- bis Dreizeller aus dem Staub macht. Alsbald schwillt ihre Zahl jedoch wieder auf das ursprüngliche Niveau an.

Ohne Handarbeit mit Bürste und gelegentlichem Einsatz von Essigreiniger ist in Bad und WC gar nix o.k. Unter vierundzwanzig getesteten WC-Beduftern vergab die Zeitschrift «Ökotest» nur sechsmal das Prädikat «eingeschränkt empfehlenswert»; alle anderen Produkte waren weniger oder nicht empfehlenswert. Ein Drittel von ihnen enthielt künstliche Moschusverbindungen, die schwer abbaubar sind und sogar schon in Fischen und Muttermilch gefunden wurden.

Gut, es muß eingeräumt werden, daß ein behaglicher Orangen-Zimt-Duft mit Spuren ätherischer Harzöle angenehmer ist als der stechende Ammoniakgeruch der körperlichen Hinterlassenschaften. Auch sind moderne Klosteinforscher nicht untätig. Sie haben gewiß ein Heidenvergnügen an ihrer Arbeit, und da will man ja auch nicht als Spaßbremse dastehen.

So wird in eigens dafür eingerichteten Testtoiletten das Spülgebaren der Deutschen (Tastendrucklänge etc.) in Abhängigkeit von der Tageszeit erforscht, das Duftverhalten neuer Stoffe unter Dauerspülbelastung getestet oder auch der Austrittswinkel der Müffelplörre gemessen, die dem Duftstein entrinnt, damit sie mit dem Wasserstrudel möglichst die Kurve in der ganzen Schüssel kriegt.

Von jedem fertigen Produkt wird ein sogenanntes Sicherheitsdatenblatt angefertigt. Im Falle des «Domestos WC-Stein Power Ocean» erfahren wir da zum Beispiel, daß der Anteil von Hexahydro-4,7-methano-1h-inden-5(or6)-yl-Proprionaten kleiner als ein Prozent ist. Was uns beruhigt. Das gilt auch für die Tatsache, daß er nicht brennbar ist. Dafür können sich immerhin beim Erhitzen giftige Dämpfe entwickeln. Irritierend wird die Produktbeschreibung allerdings unter Punkt 6, die «Maßnahmen bei unbeabsichtigter Freisetzung» betreffend: «Nicht in die Umwelt freisetzen. Bei Gefahr einer Wasserverunreinigung die zuständigen Behörden benachrichtigen.»

Wie auch immer, der ätzende monochrome Klostein ist sanfteren Duftpaketen in Gelb, Grün und futuristischem Violett gewichen. Dennoch sorgt die Beschaffenheit unseres Gehirns und der dazugehörigen Sensoren dafür, daß wir eingedenk des Klosteins in Nostalgie verfallen können. Nicht wenige vermissen die bunten Bonbons beim Pinkeln. Einerseits, weil sich trefflich darauf zielen ließ und die morbideren Steine, Kugeln oder Würfel unterm Strahl des Herrn schwanden wie sonst nur Schnee unter warmer Dauerberieselung. Das hatte etwas sehr Effizientes.

Der zweite Grund ist gravierender. Unser Riechorgan ist mit dem limbischen System verbunden, einer entwicklungsgeschichtlich sehr alten Hirnregion. Kein anderer Sinn erzeugt so heftige Gefühle und erweckt damit verbundene Erfahrungen wieder zum Leben. Ein Hauch von Klostein – und die gesamte notdürftige Welt der frühen Bundesrepublik taucht mit Wucht wieder auf: die dünnen, vergilbten Kacheln an den Wänden der Pissoirs; die Spülknöpfe, an deren Rückseite man das vorbeirauschende Wasser fühlen konnte, weil auch Luft miteingesogen werden mußte; die obszönen Krakeleien auf den hölzernen Toilettentüren – und, ach ja, dann war da noch dieser unerträgliche Gestank, schlimmer als in jedem öffentlichen Verkehrsmittel …

Status: weggespült.

Knasttränen Der kleine gelbe selbsthaftende Notizzettel wurde um 1974 herum erschaffen, als ein Mitarbeiter der amerikanischen Firma 3M einen 1968 entwickelten Superkleber nutzte, um im Kirchenchor Seiten seines Gesangbuches zu fixieren. Das Zeug klebte wie Hölle, ließ sich aber auch wieder restlos vom Papier entfernen. Die Welt vorher war nicht unbedingt ärmer, aber weniger bunt.

Lange galt es noch als akrobatische Meisterleistung, einem Mitschüler oder Arbeitskollegen einen Zettel mittels Klebestreifen auf den Rücken zu pappen. Auch die Autoren haben schon so ziemlich alles mit sich herumgetragen, von «Ich bin doof!» über «Vorsicht! Habe gepupst!» bis hin zu «Hier reintreten!!» – ein roter Pfeil zeigte dann auf das eigene Hinterteil. Wir kennen niemanden, der sich selbst freiwillig mit solch einem Zettel versehen hat. Schon gar nicht mit einem, der besagt: «Hallo, alle mal herhören. Ich war im Knast!»

Das erledigten über Jahrzehnte hinweg Tattoos. So sprach die Knastträne zum Betrachter: «Der hier hatte unter Freiheitsentzug zu leiden.» Meistens war der dunkle Tropfen vom Zellennachbarn oder eigenhändig gestochen, ein lebenslanger Ausdruck lautloser Weinkrämpfe; schwarzes stilles Wasser, unter der Haut schockgefroren wie die einst kindliche Feinfühligkeit des Gefängnisinsassen.

Die Herstellung eines Tattoos ist leicht, wie von zittriger Hand gefertigt sah es dann auch oft genug aus. «Wir haben damals mit handelsüblicher schwarzer Pelikan-Tinte und einem Diabetikerspritzen-Nädelchen gearbeitet: tunken – picken – wischen … tunken – picken – wischen … etc.», beschreibt ein knauseriger Hobbytätowierer seine Methode.

Do-it-yourself ist out, jetzt, wo alle fünfhundert Meter ein Tätowierstudio in den Innenstädten lauert. Dort schießen sechs Nadeln gleichzeitig etwa zwölfhundertmal pro Minute einen Millimeter tief unter die Haut. Die Verletzung gleicht einer Schürfwunde. Die Farbe bleibt ein Leben lang.

Hinter Gefängnismauern mußten Nähnadeln und Nägel herhalten, um die Tinte einzubringen – und damit zugleich den Geist des Outlaws. Jede Träne unter dem Auge stehe für eine Dekade Schweinefraß aus dem Blechnapf, erklärte uns Opa, wenn er in der Kneipe seinen Frühschoppen nahm und wir uns vor dem Wrack am Tresen fürchteten, das schwarze Tränen absonderte. Drei Punkte in Triangelformation zwischen Daumenwurzel und Ansatz des Zeigefingers würden bedeuten: schwerer Raub und Totschlag, dreißig Jahre! Andere Interpretationen gehen davon aus, daß die drei Punkte einen sehr verschwiegenen Mann kennzeichnen, der selbst im harten Verhör nicht auspackt. Aber einen, der nichts sagt, nichts sieht und nichts hört, kann man eben auch nicht nach der Bedeutung der drei Punkte fragen.

Und dann gab es noch die Vorläufer von Peter Parker, dem Spiderman. Im Spinnennetz, das auf Unterarm oder Brust tätowiert war, fehlte meist die Spinne. Es war der Träger des künstlerisch fragwürdig gestalteten Netzes selbst, der sich strafrechtlich verfangen hatte und gleichzeitig auf Beute lauerte: Post, Zigaretten, Hofgang, Besuch.

Diese Tattoos brachten zum Ausdruck, daß man wenigstens hier, im Knast, dazugehörte, daß man Schmerzen ertragen und offensichtlich auch Zeit im Überfluß hatte. Für die Welt draußen besagten sie zweifelsfrei: Ihr Träger hat gesessen. In Zeiten, in denen Resozialisierung noch ein Fremdwort war und der Knastaufenthalt ein für allemal gesellschaftliche Verdammnis bedeutete, war es nahezu egal, ob sich die Schrecken der Gefängniswelt zusätzlich noch auf der Haut fanden. Man hatte ohnehin keine Chance mehr. Trotzig demonstrierte der Häftling mit der Knastträne, öffentliche Mißachtung nicht nur ertragen, sondern auch provozieren zu können.

In der angloamerikanischen Welt hat der bauchige Tintenklecks von jeher noch andere, abweichende Bedeutungen gehabt. Stand die Träne in Europa für die Dauer des Aufenthalts in der Zelle, verrät sie in Amerika auch heute noch eher etwas über die Art des Verbrechens oder den erfahrenen Verlust. Mal steht die Träne für ein verlorenes Familienmitglied – ist sie leer, hat dieser Mensch gar Hand an sich selbst gelegt; ist sie halb voll, hat der Träger den Tod eines nahen Menschen blutig gerächt. Mal steht sie für die Anzahl von Morden, die der Knastbruder dies- oder jenseits der Gefängnismauern begangen hat.

In unseren Tagen ist die Knastträne so gut wie verschwunden. Man sieht sie kaum noch, es sei denn in der Popkultur: Hier ist das Kennzeichen der Gesetzlosen vereinzelt zum Symbol gespielter Aufsässigkeit geworden. Nur Gangsterrapper gehen so weit, daß sie meinen, diese Attitüde auch noch durch echte Verbrechen unterfüttern zu müssen. Manche wissen vielleicht auch einfach nicht, in welche Tradition sie sich mit der Träne stellen – wie der NBA-Spieler, der sich eine Knastträne piksen ließ, um lebenslang den Tod seines Bruders zu beweinen. Oder Amy Winehouse, die sich mit Kajal einen schwarzen Kuller unter ihr linkes Auge kritzelte, als ihr Gatte wegen Heroinmißbrauchs in den Knast einfuhr.

Alles pillepalle im Vergleich zu den Tattoos des amerikanischen Rappers Lil Wayne. Seine Augenlider zieren die Worte «fear» und «god», darunter rechts zwei, links eine leere Knastträne. Andere vor ihm hatten sich gleich geöffnete Augen auf die Lider stechen lassen. Übertroffen wird das nur noch von der Farbenfreude des zwanzigjährigen Fabrikarbeiters Josh Rahn aus New York. Rahn ließ sich 2008 das Weiß der Augen mit jeweils vierzig Stichen blau färben. Da kommen nicht nur ihm die Tränen …

Status: nur noch als Kopie vorhanden.

Lebertran Der Weg zur Hölle ist mit guten Vorsätzen gepflastert. Sagt ein angelsächsisches Sprichwort. Englisch war aber in der ersten Nachkriegsgeneration in Deutschland bei weitem nicht in aller Munde. Insofern muß es zahllosen wohlmeinenden Eltern nachgesehen werden, daß sie trotz erheblicher Widerstände ihren Kleinen einen wahren Teufelstrunk einflößten. Lebertran. Verabreicht wurde er natürlich nur in bester Absicht.

Schon der erste orale Kontakt war begleitet von Gänsehaut erzeugenden Ekelanwandlungen. Ergoß sich die fette, ölige Masse auf die Zunge, half schnelles Schlucken nichts, ebensowenig Nasezuhalten. Der gesüßte Klump blieb an allem haften. Und anschließend dann diese apokalyptischen Bäuerchen, die einem das Gefühl bescherten, seiner eigenen inneren Verwesung beizuwohnen. Miasmen aus ranzigem Öl und Fisch bahnten sich den Weg nach oben. Das ist wahrscheinlich das Wundersamste, was sich über Lebertran sagen läßt: Er spottet den Gesetzen der Schwerkraft – bei vielen war er schneller wieder oben, als er unten war.

Aber die Eltern kannten keine Gnade. «Du trinkst das jetzt, das ist gut für deine Knochen!» Ein Moment, in dem so mancher gerne auf die Stützkraft seines Skeletts verzichtet hätte. «Los, mach den Mund auf!» Zur Not wurde nachgeholfen, um die Maulsperre zu lösen. Zugegeben, hätten sie wissenschaftlich mit den wertvollen Omega-3-Fettsäuren und dem reichlich im Tran vorhandenen Vitamin D argumentiert – die Bereitschaft, diese Gülle zu schlucken, hätte sich nicht erhöht.

Die dunkelbraunen Flaschen standen stets griffbereit in der Küche und unterschieden sich nur wenig von Omas Doppelherzpullen. Wer heimlich an letzteren nippte, konnte das Gesöff schnell in die vergleichsweise harmlose Gefahrenklasse B einordnen, in der auch Spinat, Weinbrandbohnen, Dosenravioli und Eierlikör geführt wurden. Doch Lebertran, das war eindeutig Gefahrenklasse A.

Bereits der Römer wußte: Unwissenheit schützt vor Strafe nicht. *Ignorantia iuris nocet.* Daher können wir ganze Elterngenerationen nicht von ihrer schweren Schuld freisprechen. Zumal schon zu Uropas Zeiten die Nebenwirkungen des Trans bekannt waren. 1904 schrieb der Berliner Importeur J. E. Stroschein in seiner sonst gänzlich euphorischen Lebertranfibel: «Der größte Nachteil … besteht darin, daß Lebertran nicht von jedem sonst gesunden Magen vertragen wird. Da helfen Farb-, Geschmack- und Geruchlosigkeit gar nicht. Sobald der Lebertran in solchen intoleranten Magen gelangt, reagiert derselbe mit Aufstoßen und Erbrechen und einem unsagbaren Gefühl von Übelbefinden und Ekel» – ein Zustand, den der gemeine Norweger nicht zu kennen scheint. Noch heute wird dort in vielen Supermärkten frischer Lebertran im Kühlregal angeboten. Frischer wohlgemerkt. Nicht das durch lange Lagerung und Transport notgedrungen degenerierte Produkt. Der eher abgedunkelt lebende Norweger erfreut sich vor allem der depressionslindernden Wirkung des besagten Vitamins im Tran.

Und erst die Isländer. Ganz verrückt sind sie nach den vorzugsweise aus Dorschleber herausgedämpften Fetten. Ein Allheilmittel. Kleine Kinder werden langsam daran gewöhnt, indem man ihrem Brei erst Tropfen, später größere Dosen beimischt. Nur Vergiften ist schlimmer. Und echte Männer trinken das Zeug dort aus der Flasche. Mit beeindruckenden Ergebnissen, wie eine Reporterin des «Tagesspiegels» 2007 festhielt: «Das ganze Land stößt auf und blubbert, Gase entweichen, spuckende Lava ist eine Attraktion. Isländer halten es für völlig normal, wenn etwas nach oben drängt und nach draußen muß.»

Wohl daher geben Frauen zwischen Reykjavík und Seyðisfjörður auch eher der Kapsel als Darreichungsform den Vorzug. Denn das ist das neue Gewand des Trans: Versteckt in Dragees, vollständig geruchsbefreit und mit allerlei Zusätzen versehen, geben die Minieier erst im Innersten ihr scheußliches, aber heilbringendes Geheimnis preis.

In Deutschland verdankt der Lebertran der Nahrungsmittelknappheit bis in die fünfziger Jahre hinein, daß er nicht als Sondermüll behandelt wurde, sondern in den rachitisgefährdeten Hälsen einer ganzen Generation landete. Kabeljau, Dorsch oder Hai ließen ihr Leben, um den hiesigen Mangel an Jod, Phosphor sowie Vitamin A und D zu beseitigen. Erst als in den Entgiftungsorganen der Fische Pestizide und Dioxin gefunden wurden, brachen die Umsätze ein. Zudem wollte, wer hierzulande über Jahre voller Abscheu den Mund aufzureißen hatte, das Zeug partout nicht selber kaufen.

1948 lieferte UNICEF die erste große Fuhre: 516 Tonnen Lebertran, zusammen mit 56 Millionen Vitaminpillen und zig Kubikmetern Milchpulver. Mittlerweile haben Vitaminpräparate in immer neuen Kombinationen und Nahrungsmittelergänzungsstoffe den Lebertran überflüssig gemacht. Hühner werden durch spezielles Futter angehalten, sich nur noch Omega-3-Fettsäurehaltige Eier abzuringen. Die Deutsche Gesellschaft für

Lebertranwerbung aus dem Jahr 1932. Das kleine Mädchen: «Bist du blöde, laß ihn laufen!»

Fettwissenschaft e.V. (gerne sähe man ein Foto der Mitglieder) arbeitet daran, Pflanzenöle durch entsprechende Enzyme aufzupeppen.

Irrtümlich gingen viele Konsumenten davon aus, daß der Lebertran vor allem aus Blubber, das heißt dem Bauchfett von Meeressäugern, gewonnen wird, dem Stoff, aus dem man auch Lampenöl und Schmierfett herstellt. Aber keine Lebensmittel. Als Kind konnte man dennoch keinem Blauwal ohne schlechtes Gewissen in die Augen sehen.

Zwischen acht und zwölf Euro zahlt man heute für den Liter in der Apotheke. Die Kundschaft entstammt der Generation 60 plus. Kurzum: Lebertran taugt nur noch für traditionsbewußte Nordländer und ein paar alberne Teenager, die auf YouTube ihr ganz eigenes Experiment veranstalten: eine Mutprobe. Ein Glas Lebertran, gemixt mit Red Bull, wird in einem Zug geleert. Lustig ist das vor allem für die, die nicht trinken müssen.

Status: voll fett verblubbert.

Mehrheit, absolute Deutschland ist schön, aber Bayern ist noch viel schöner. Wie gemalt liegt Balderschwang im Oberallgäu auf 1044 Meter Höhe. Im Winter suchen Skitouristen den Ort heim, im Sommer werden sie durch wegelagernde Wanderer vertreten. Selbst die älteste Eibe Deutschlands hat sich, wenn man den Balderschwangern glaubt, vor mehr als zweitausend Jahren dieses schöne Fleckchen ausgesucht, um hier Wurzeln zu schlagen. Balderschwang hat 247 Einwohner, und zum Shoppen geht man in den Tante-Emma-Laden von Werner Kienle. Über vierzigtausend Gäste kommen jedes Jahr der Natur und der Ruhe wegen. Doch mit der ist es seit dem 28. September 2008 vorbei. An diesem Tag verlor die CSU in Bayern die absolute Mehrheit, und der Bilderbuchort hatte sich mitschuldig gemacht. Über Jahrzehnte hinweg galt es als Naturgesetz, daß ein geschlechtsreifes, wahlberechtigtes Balderschwanger Individuum CSU wählt. Hundert-Prozent-Mehrheiten waren die Regel. Aber schon 2003 gab es das erste Desaster. Einer der Einwohner hatte sein Kreuzchen bei der SPD gemacht. In Anbetracht der sicheren absoluten Mehrheit im Land beruhigten sich die Gemüter allerdings wieder, und man verdrängte weitere Überlegungen, wer von den 247 Einwohnern wohl die rote Socke sei – bis sich 2008 die Katastrophe wiederholte. «Niemand weiß, wer es ist», räumt der örtliche CSU-Chef Luggi Endrös ein. «Ich habe immer gehofft, er ist weggezogen, aber anscheinend wohnt der noch hier.» In der Erregung vergißt Endrös fast, daß es diesmal noch schlimmer kam als 2003, weil ein anderer Balderschwanger sogar die Grünen wählte.

Das könnte immerhin ein Versehen gewesen sein, während «der Sozi» als Wiederholungswähler offenbar ein Überzeugungstäter ist. Möglicherweise baut er auch ein sozialdemokratisches Netzwerk auf, um mit rotem Gesinnungsterror den Zusammenhalt Balderschwangs zu zerstören. Und wenn es dann heißt: «Sozis in Balderschwang!», ist es nur eine Frage der Zeit, und die Urlaubsgäste bleiben aus.

Balderschwang steht wie ganz Bayern vor den Trümmern einer sechsundvierzigjährigen Einparteienherrschaft. Die CSU ist nicht mehr Bayern und Bayern nicht mehr automatisch die CSU. Die Epoche der großen Regenten wie Franz Josef Strauß, Alfons Goppel oder Edmund Stoiber war vorher schon vorbei. Auch wenn es die Bayern lange nicht hören wollten, eigentlich vertragen sich Demokratie und absolute Mehrheiten nicht besonders gut. Länder, die jahrzehntelang von einer einzigen Partei regiert wurden, waren in der Regel totalitäre Staaten wie die Sowjetunion oder die DDR.

Bayern ist am 28. September 2008 in der Normalität der Demokratie angekommen. Die CSU-Politiker machen sich nun auf die Suche nach den Gründen. Und auch in Balderschwang wird immer noch nach dem Abweichler gefahndet. Es gab den Verdacht, daß er oder sie in einem Hotel arbeiten könnte, bei dem eine Tür rot gestrichen ist! Egal, in Bayern ist die absolute Mehrheit Vergangenheit.

Status: abgewählt.

Missionarsstellung Es ist nicht lange her, daß einer der Autoren auf dem Herrenklo eines Düsseldorfer Cafés ein gerahmtes DIN-A4-Bild entdeckte. Darauf der Text: «Welches der nachfolgenden 16 Porträts stammt aus der Werbung? Welches aus einem Pornofilm?» Vier Reihen mit Fotos von jeweils vier verschiedenen Frauenköpfen folgten. Frauen mit wollüstigem Blick, saftigen Lippen, halbgeschlossenen Lidern oder weit aufgerissenen Augen, alle schön und begehrenswert. Einem runden Dutzend – mindestens – war zuzutrauen, daß sie echt versaute Sachen machen. Die Auflösung folgte kleingedruckt unten rechts in der Ecke: Nur drei der Fotos waren Standbilder aus Pornofilmen; die anderen Gesichter stammten aus der Printwerbung.

Wenn man nicht mal mehr zwischen Fellatio und Fettuccine, Dash und Dildo, Rimming und Rama unterscheiden kann, ist das ein Zeichen dafür, daß wir alle *oversexed* und *underloved* sind. Es wundert daher nicht, daß die deutsche Menschheit längst in zwei Gruppen gespalten ist: Die Minderheit betreibt Blümchensex zu Reproduktionszwecken. Und das geht am einfachsten nach der Methode Wham-bam-thank-you-ma'am, eben in der Missionarsstellung. Der Begriff geht übrigens auf den bekannten Sexualwissenschaftler Alfred Kinsey zurück, der behauptete, auf den Trobriand-Inseln hätten Missionare sich über die vielen Stellungswechsel der bumsfidelen Ureinwohner entrüstet und ihnen eine sittlichere Position, eben die besagte Missionarsstellung, als die allein gottgewollte zur Vorschrift machen wollen. Das ist zwar

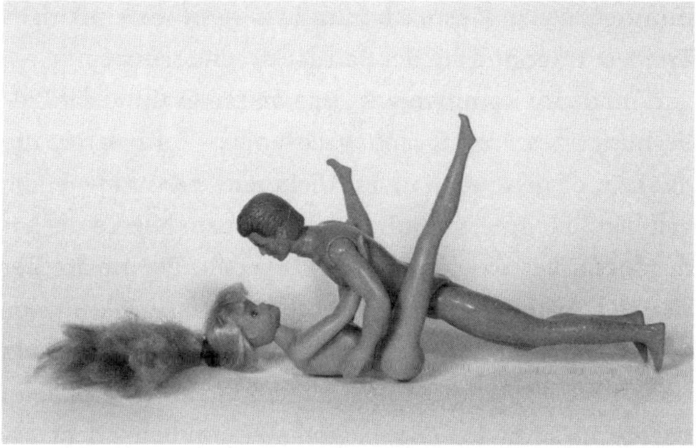

Missionarsstellung in Vollendung: Auch wenn Kniegelenke vorhanden sind, Beine stets gut durchdrücken!

eine Legende, der Begriff aber dennoch nicht schlecht gewählt: Trotz mäßiger Leistungen im Lateinischen erinnern wir uns an das Verb *mittere* («schicken»), das im Perfekt frivolerweise einen s-Stamm erzeugt: *mitto* = «Ich schicke», *missi* = «Ich habe geschickt». Daß es nicht «Ich bin geschickt» bedeutet, kann man schon daran erkennen, daß die Missionarsstellung weder Mann noch Frau viel abverlangt. Ein paar lockere Hüftbewegungen, der Puls steigt nicht unbedingt über 140, und am Ende folgt ein mehr oder weniger künstlich langgezogenes «Ahhh!» oder «Ohhh!». Un feddich.

Dieser rein technische Vorgang der «Beschickung» läßt keinerlei Rückschlüsse auf die Empfindungsfähigkeit der Beteiligten zu. Gleichwohl ist die Missionarsstellung im öffentlichen Gespräch zum Synonym für einfältiges Treiben unter und auf der Bettdecke geworden.

Und damit kommen wir zur zweiten Gruppe der Liebeshungrigen: der rasant wachsenden Zahl derer, die denken, da geht noch mehr. Viel mehr. Es sind jene, die glauben, das Internet könne nicht lügen. Nie zuvor hat der Mensch so viele radikal entkleidete Exemplare der eigenen Gattung in wild zuckenden Haufen erblickt. Kopulationsmaschinen, die beim Sex Vollgas geben. Trotz hoher Betriebstemperatur und starker Reibung erleben wir sie nie schwitzend, sie sind stets mühelos dauererregt und von artistischer Tatkraft. Unsereiner muß vorher ganz schön tanken, um so hochtourig zu fahren.

Hinreichend beduselt, können wir im Geiste dann fast alles. In der Praxis sind wir bisweilen verschämt, gehemmt und geradezu schüchtern. Aber käme eines Tages – so fürchten, argwöhnen oder hoffen wir – die oder der Richtige, wir gäben noch mal richtig Stoff. Der optimal verdorbene Partner: eine Leuchte und Lichtgestalt des öffentlichen Lebens bei Tage, aber in der Dunkelheit ein Mr. oder eine Mrs. Hyde, stets zum Äußersten bereit, eine total ferkelige Sau eben.

Nicht die gemeinsame Erfüllung steht dabei allerdings im Vordergrund, sondern schlicht und ergreifend: Leistung. Viel helfe viel, so die unausrottbare Arbeitshypothese: Es wird gefesselt und geknebelt, was das Zeug hält, geschmiert, geölt und gefettet, als müsse ein Kolbenfresser verhindert werden. Wer nie sein Fell mit Knuten traktieren ließ, gerät leicht in Verdacht, dünnhäutig zu sein, geradezu weltfremd. Die Frau von Welt kann ohne Latexstrümpfe und Gasmaske ja kaum noch aus dem Haus. Die Toystory ist längst mehr als ein Kinderfilm. Missionarsstellung und Doggy-Style gelten als ebenso farb- wie phantasielos. Es muß mehr her. Die anderen treiben es doch auch so bunt.

Puh, ist das anstrengend! Glückliche Zeiten, als dem *faire l'amour* noch nicht die Last alleinseligmachender Erfüllung auferlegt wurde. Im besten Falle galt die Mission, das Herz des anderen zu erobern – und es zu halten. Das geschah vorzugsweise von Angesicht zu Angesicht: Gute, alte Missionarsstellung, du einfachste aller partnerschaftlichen Leibesübungen. In dir erkennen nur noch wenige Berufene – nicht selten nach langen Irrwegen – die beste Methode, um die Vereinigung von Mann und Frau zu einer runden Sache zu machen. Du bist zu Unrecht in Verruf geraten. Du fehlst uns!

Freiwillige vor! Zwo, drei, vier: «Die Miii-ssio-naaa-hars-steee-hellung! Erkämpft das Menschenrecht.» Jenes auf wirkliche, tiefe Intensität. Alles andere ist Vorspiel.

Status: paradoxerweise vom Aussterben bedroht.

Modellbau Sisyphos heißt der Typ, der immer wieder einen Felsbrocken den Berg hinaufrollt und ihn dann, kurz bevor er oben ankommt, nicht mehr halten kann. Der Brokken rollt zurück in die Tiefe, und alles geht von vorn los.

Genauso war es beim Modellbau. Wochenlang bastelten Jungs, die sich für Mädchen noch nicht wirklich interessierten, an Modellflugzeugen herum. Bleich saßen sie in halbdunklen Kellern, sägten, schliffen, klebten und atmeten Dämpfe von Lösungsmitteln aus Spannlackdosen, mit deren Weitergabe man heute wahrscheinlich gegen das Proliferationsverbot von chemischen Massenvernichtungswaffen verstoßen würde. Die meisten bauten einen «Kleinen Uhu», das Einsteigermodell der Firma Graupner. Es hatte eine Spannweite von hundertvierzig Zentimetern, wog knapp über zweihundert Gramm und wurde mit einer Fünfzig-Meter-Leine in die Luft befördert wie ein Drachen, dann ausgeklinkt und zog anschließend allein seine Runden. Soweit die Theorie. In der Praxis blieben die Uhus meist nie lange oben. Genaugenommen kamen viele nicht mal hoch.

Schon beim Start gab es schreckliche Bilder: Wenn die Luft zu kräftig unter die Tragflächen drückte, klappten die zusammen, und statt in den Himmel zu steigen, bohrten sich die Früchte wochenlanger Arbeit in die Wiese.

Klar gab es Ausnahmen. Einige Jungs bauten gemeinsam mit ihren Vätern an Modellen, die perfekt aussahen, perfekt flogen und Preise gewannen. Aber diese Jungs waren nie glücklich. Sie waren nur die willenlosen Instrumente ihrer Väter, die als Ingenieure langweiligen Jobs nachgingen und davon träumten, Kunstflieger, Rennbootfahrer oder Formel-1-Pilot zu sein. Modellbau war das Abenteuer des kleinen Mannes, der sich weder Flugschein noch Sportwagen leisten konnte.

Mit der Zeit wurden die Modelle größer. Ferngesteuerte Flugzeuge, Autos oder Schiffe wurden mit echten Verbrennungsmotoren ausgestattet, damit es auch wie auf Flugplätzen, bei der Formel 1 oder Bootsrennen roch. Die Kataloge der Hersteller wie Graupner, Robbe, Simprop und Multiplex waren Schatzkisten, die jedes Jahr mit neuen Modellen neuerliche Träume auslösten. Es erschienen die ersten fernsteuerbaren Hubschrauber, die so schwer zu fliegen waren, daß man sie in Trainingsgestelle packte. Die Absturzrate bei den ersten Flügen lag bei hundert Prozent. Da waren dann nicht nur zwölf Wochen Arbeit vernichtet, sondern auch sofort jede Menge Kleingeld.

Kein Wunder, daß manche Jungs ihre Flugzeuge nie benutzten, aus Angst, sie zu beschädigen. Das waren die auf Perfektion achtenden Bastler, die Modell nach Modell bauten, aber zuletzt das Risiko scheuten. Pfuscher hingegen leimten die Bausätze in wenigen Tagen zusammen, um möglichst schnell den Jungfernflug starten zu können. Andere hielten sich nicht an die Pläne und peppten ihre Maschinen mit kleinen Extras auf, mußten dafür aber fast immer den beim Fliegen üblichen Preis zahlen. Und dann gab es natürlich noch die, die sich gleich ein fertiges Modell kauften. Sie wurden am meisten verachtet. Ihnen fehlten der Geruch von Spannlack und die Pflaster an den vom Balsaholzmesser verletzten Fingern.

Modellbau härtete ab. Wer erlebt hat, wie sich wochenlange Arbeit innerhalb von Sekunden auflöst, ist vorbereitet auf diese Welt. Der Weg ist das Ziel. Das

Leben geht weiter. Man sammelt die Trümmer auf und fängt wieder von vorn an.

Doch diese Zeiten sind selbst bei Graupner vorbei. «Heute wollen Jugendliche Action», sagt Firmenchef Stefan Graupner. «Sie wollen ein Flugzeug oder ein Auto auspacken und sofort losspielen.» Ein Bausatz zum Basteln stehe auf der Geburtstagswunschliste längst nicht mehr ganz oben.

Statt dessen spielen Jugendliche lieber mit dem Computer. Auch da müssen sie sich mühsam die einzelnen Spiele-Level emporkämpfen. Aber sie verlieren nicht mehr alles. Die Welt ist virtuell, auch der Verlust.

Modellbau dagegen hat noch wirklich weh getan, und deshalb wird er aussterben.

Status: abgestürzt.

Mofa Das Gesicht voller Pickel, leichter Flaum auf der Oberlippe, schlaksige Figur, und an seinem fünfzehnten Geburtstag hörte man mit der ➶ Hi-Fi-Anlage «Born to be wild» von Steppenwolf, auf ➶ Compact Cassette aufgenommen. So feierten viele pubertierende Jungs in den siebziger Jahren die Möglichkeit, von nun an mit einem motorisierten Gefährt – dem Mofa – am Straßenverkehr teilzunehmen.

Weder eines Führerscheins noch eines Helms bedurfte es, um mit 50 ccm Hubraum ausgestattet und einer

Begrenzung der Höchstgeschwindigkeit auf amtliche 25 km/h seine eigene persönliche Freiheit auf den deutschen Straßen auszuleben. Zündapp, Kreidler, Hercules oder auch Motobecane, Piaggio und Moto Guzzi hießen die Hersteller dieser Zweitaktboliden, und sie investierten viel, um zu verschleiern, daß man mit dem Fahrrad eigentlich schneller war.

Sich von einem Fahrradfahrer überholen zu lassen, kam aber für einen mit Testosteron gedopten Mofajunkie nicht in Frage, genausowenig wie mit der primitivsten Variante der motorisierten Zweiräder zu fahren, dem Velosolex. Das Velosolex – die Mutter aller Mofas sozusagen – galt bei Fünfzehnjährigen als uncool. Es erinnerte zu stark an ein Fahrrad, und der Antrieb war hoffnungslos veraltet: Mit einer Rolle wurde die Leistung des PS-schwachen Motors auf das Vorderrad gepreßt. Dieser Mechanismus konnte allerdings bei Regen und auf steilen Straßen erhebliche Probleme verursachen. Außerdem war das Velosolex bei Nonnen überaus beliebt, weshalb es auch den Namen «Maria-hilf-Mofa» verliehen bekam. Neben dem göttlichen Personal konnten nur Studenten, deren Hormonspiegel auf Normalniveau abgesackt war, der historischen Bauart und der genial einfachen Konstruktion Positives abgewinnen.

Auch Roller hatten damals keine Lobby, die erinnerten zu sehr an Vatis erste Fahrversuche in den Fünfzigern. Das war für Jugendliche völlig indiskutabel. Nein, fünfzehnjährige Männer, die verhindern wollten, daß ihre gleichaltrigen Mitschülerinnen die Zeit mit sech-

«Get your motor runnin' / Head out on the highway / Lookin' for adventure / And whatever comes our way / Yeah Darlin' go make it happen / Take the world in a love embrace / Fire all of your guns at once / And explode into space.» Bundesinnenminister Friedrich Zimmermann prüft den Geräuschgrenzwert eines Mofas, 1985.

zehnjährigen Jungs verbringen, brauchten echte Motorräder, zum Beispiel die Kreidler Flory. Die sah fast aus wie ein Moped, aber nicht so exaltiert wie die Hercules G3, und sie lachte schon ab Werk über die gesetzlichen 25 km/h! Gut eingefahren, schaffte sie locker 30 km/h, dabei war auch ihr Motor gedrosselt! «Frisieren» war daher die Hauptbeschäftigung eines frischgebackenen Mofabesitzers.

Täglich traf man sich mit Freunden – als Mofafahrer hatte man jede Menge Freunde –, um an den Maschinen herumzuschrauben. Man konnte die Drosselung entfernen, neue Antriebsritzel einbauen, die Auspuffanlage ersetzen, den Zylinderkopf und Zylinder austauschen beziehungsweise aufbohren et cetera. Ganz schnell fuhr das Mofa so um die 40 km/h. Endlich lohnte sich ein Blick auf den Tacho. Durch handwerkliches Geschick erzielten einige noch höhere Leistungen. Ihre Mofas waren schneller als Mopeds und Mokicks, es sei denn, diese waren ebenfalls frisiert! Es gab kaum ein größeres Glücksgefühl, als mit gut 60 km/h, zigaretterauchend, mit zugekniffenen Augen, die Füße lässig auf dem Innenrahmen abgestellt, ein Mokick in freier Wildbahn zu überholen. Es gab aber auch kaum größeren vorstellbaren Ärger, als in diesem Moment von der Polizei erwischt zu werden. Den Führerschein immerhin konnte man nicht verlieren, man besaß ja keinen. Häufig sah man damals bei Verkehrskontrollen verzweifelte Polizisten, die die Zähne des Antriebsritzels durchzählten, um zu kontrollieren, ob das Mofa getunt war. Ihr Sachverstand reichte aber in den seltensten Fällen aus, um das zu beweisen.

Der Kult ums Mofa und die oft zu hohe Geschwindigkeit führten bald zu Problemen. 1978 starben bei Verkehrsunfällen mit Mofas oder Mopeds über 850 Menschen, überwiegend Jugendliche. 1969 gab es in Deutschland 160 000 Mofas, im Jahr 1978 waren es bereits 1,4 Millionen. Und während 1969 nur 0,9 Prozent der Mofafahrer verunglückten, waren es 1978 schon über 20 Prozent! Mofafahren war geil, aber gefährlich. Der Gesetzgeber reagierte darauf mit einer «Prüfbescheinigung»: Alle nach dem 1. April 1965 geborenen Mofafahrer brauchten sie. Bis heute kann man sie bei einer Fahrschule erwerben. Und ab dem 1. Oktober 1985 mußten Mofafahrer – wie alle anderen «Führer von Krafträdern» – einen Helm tragen.

Im Laufe der Jahre entstanden viele neue Klassen: Leichtkrafträder, die in ihrem Design nichts mehr mit den Vorgängern aus den fünfziger Jahren zu tun hatten. Inzwischen kommen die neuesten Modelle ohne Pedalen aus. Der Motor wird lässig per Kick- oder Elektrostarter angeworfen. Die klassischen Formen von Mofa, Moped und Mokick sind fast vollständig verschwunden. Die satirische Enzyklopädie Stupidedia merkt dazu an: «Im Zuge der seit 1990 einsetzenden neuen Armut erfreut sich der Roller wieder steigender Beliebtheit, vor allem bei alten Säcken im Jugendrausch und bei notgeilen drogensüchtigen, von Angstausbrüchen geplagten Jugendlichen, welche geistig zu unterentwickelt sind, um mit einer Handschaltung umzugehen. Infolgedessen sind viele Fahrzeuggattungen wie Mofa, Moped und Mokick heute nur noch als Motorroller erhältlich; selbst Quads, Kleinwagen und Kaffeemaschine müssen schon wie Motorroller aussehen, um sich überhaupt noch verkaufen zu können.»

Status: Kolbenfresser.

Nähmaschine Als infolge der Finanzkrise 2008 der Rüsselsheimer Autobauer Opel unter Druck geriet, analysierte der Kabarettist Dieter Nuhr: «Die haben angefangen mit Nähmaschinen. Und ich glaube, das ist auch das Problem: Da kann man nicht einfach Räder druntermachen und glauben, das merkt keiner.»

Sicher wird man sich in diesen Tagen gerne an die goldenen Zeiten des Unternehmens erinnern, an dessen Anfang die Nähmaschine stand. Bis zu seinem Tod 1895 hatte sich Adam Opel dagegen gewehrt, anderes als Nähmaschinen und Fahrräder herzustellen. Die Pkw-Produktion konnten erst seine Erben aufnehmen, drei Jahre nach seinem Tod.

Als Schlossergeselle auf Wanderschaft hatte der junge Adam Opel in Paris die Nähmaschine kennengelernt, und im Kuhstall seines Onkels richtete er eine Werkstatt ein. Im Frühjahr 1863 war es dann soweit: Die erste Nähmaschine von Opel erblickte das Licht der Weltöffentlichkeit, zumindest das von Rüsselsheim und Umgebung. Ein Schneidermeister namens Hummel kaufte sie. Von Beginn ihres vierzigjährigen Lebens an nadelte die Maschine zuverlässig vor sich hin. Eine Tatsache, die für Unruhe bei den ansässigen Schneidergesellen sorgte. Beim Versuch, die zweite Nähmaschine auszuliefern, wurde Adam Opel denn auch von ihnen überfallen. Schließlich verlegte er seine Auslieferungstermine in die sichere Nacht.

Viele Nähmaschinenpioniere sahen sich solchen Angriffen ausgesetzt. Der französische Schneider Barthélemy Thimonnier hatte eine aus Holz gefertigte Nähmaschine konstruiert, die er sich patentieren ließ. 1831 zog es ihn nach Paris, wo er eine Werkstatt mit achtzig Maschinen eröffnete, in der er Uniformen für die Armee herstellen wollte. Das brachte ihm allerdings den Zorn seiner Kollegen ein. Angeblich zerstörten die in Rage geratenen Textilkünstler seine Werkstätten und verjagten Thimonnier aus Paris. Er starb 1857 verarmt in seiner Heimatstadt.

Dabei konnte es so leicht sein, mit Nähmaschinen märchenhaften Reichtum zu erlangen, wenn man nur eine clevere Marketingstrategie verfolgte. Isaac Merritt Singer übernahm 1851 die Konstruktion seines gescheiterten Konkurrenten Elias Howe und verbesserte dessen Nähmaschinenmodell. Mit geliehenen siebenhundert Dollar gründete er in Boston die «I. M. Singer & Co.». Ab 1853 produzierte er dann in New York Nähmaschinen, die er für hundert Dollar pro Stück verkaufte. Zusätzlich entwickelte sein Kompagnon, der Anwalt Edward Clark, ein geniales Ratenkaufsystem, das es auch ärmeren Schichten der Bevölkerung ermöglichte, eine «Singer Nr. 1» zu erwerben.

Mit Singers Geschäftsmodell begann der amerikanische (Alp-)Traum vom Konsum auf Kredit. Aber auch Singers eigener Aufstieg wurde ein Sinnbild der USA als des «Lands der unbegrenzten Möglichkeiten». Obwohl er später den Patentrechtsstreit gegen Howe verlor, konnte dies den Erfolg Singers nicht mehr bremsen. Ein paar Jahre darauf war er einer der reichsten Männer der Welt. Die letzte seiner zahlreichen Frauen, Isabella Eugenie Boyer, soll Vorbild für die New Yorker Freiheitsstatue gewesen sein. In natura war sie etwas kleiner.

1889 konstruierte Singer die erste elektrische Nähmaschine der Welt. Die Expansion des Global players erreichte 1903 schließlich Deutschland: Im brandenburgischen Wittenberge entstand ein riesiges Singer-Nähmaschinenwerk. Bis heute ist die Marke in der ganzen Welt ein Synonym für Nähmaschinen. Mahatma Gandhi bezeichnete die Singer als eines der wenigen nützlichen Dinge, die jemals erfunden wurden.

Nach dem Zweiten Weltkrieg wurde aus dem Singer-Werk in Wittenberge der «VEB Nähmaschinenwerk Wittenberge». Dort konzentrierte man sich nun auf die Fertigung der volkseigenen Marken «Veritas» und «Naumann». Und die weltweite Nachfrage nach Haushaltsnähmaschinen war weiterhin enorm. So schrieb «Die Zeit» im September 1950: «Hamburgs Wirtschaftssenator Prof. Dr. Schiller ist aus den Vereinigten Staaten mit der Hobby-Theorie zurückgekommen ... ‹Drüben› sei es nämlich jetzt so, daß beispielsweise die amerikanischen Hausfrauen ein neues Hobby hätten: selbst schneidern. Das setzt Nähmaschinen für den Hausgebrauch und Schnittmuster voraus.» Letztere konnte die Bundesrepublik damals bereits über den Atlantik liefern, und auch deutsche Nähmaschinen gab es bald im Überfluß: Mit dem VEB in Wittenberge wurde die kleine DDR zum Big player auf dem weltweiten Nähmaschinenmarkt. Auch das Versandhaus Quelle verkaufte Wittenberger

Uschi H. hat jetzt auch ein Notebook.

Nähmaschinen – unter dem Namen «Privileg». Bis 1991 wurden fast acht Millionen Nähmaschinen in Brandenburg gebaut. Dann stoppte die Treuhandanstalt die Fertigung. Viele westdeutsche Produzenten mußten schon vorher die Segel streichen oder verlegten sich auf

Spezialmodelle. Denn angesichts zunehmender textiler Billigimporte aus Fernost lohnte sich die Anschaffung einer heimischen Nähmaschine nicht mehr. Die Ära des selbstgeschneiderten Ballkleids war vorbei.

Inzwischen können viele jüngere Menschen Nähmaschinen überhaupt nicht mehr bedienen. Eine Erfahrung, die auch Nina Hagens Tochter Cosma Shiva machen mußte, als sie sich mit der Nähmaschinennadel durch den Finger stach. Nina Hagen fordert seitdem «ein neues verfassungsverankertes Gesetz», das vorsieht, «Nähmaschinen nie unbeaufsichtigt zu lassen». Das wird allerdings bald nicht mehr nötig sein. Selbst Singer hat sich auf Weltraumtechnologie für die NASA verlegt und läßt Nähmaschinen nur noch in Lizenz im Fernen Osten produzieren.

Bei Opel sorgte schon 1911 ein Feuer in der Fertigungshalle für das endgültige Aus der Nähmaschinenproduktion. In den Jahren zuvor hatte der Absatz ohnehin deutlich stagniert. Nach der Brandkatastrophe stellten die Rüsselsheimer ihre Produktion konsequent um. Unbeirrt setzte man nun auf ein verheißungsvolles Produkt, von dem man sich eine goldene Zukunft versprach: das Automobil.

Status: Faden verloren.

Nichtschwimmerbadehose Als zehnjähriger Junge ist man auf das Leben noch ungenügend vorbereitet. Woher soll man auch wissen, daß Erwachsene eine Vielzahl von Tricks verwenden, um kleine Fehler und Unfertigkeiten zu vertuschen? Robert Skuppin weiß davon aus eigener Erfahrung zu berichten:

Adolf Kittel war vierzig Jahre alt, als er in mein Leben trat. Er war ein Freund meines Vaters und hatte genau drei Probleme: Kittel war sehr klein, er hatte keine Haare, und er konnte nicht schwimmen. Die beiden ersten Defizite waren, trotz aller Anstrengungen, nicht wirklich zu verbergen. Kittel trug Schuhe mit turmhohen Absätzen, ähnlich denen der Monsterrocker Lordi, die er unter dem weiten Schlag seiner Hosen zu verstecken suchte. Sein schütteres Haar wurde durch das wahrscheinlich schlechteste Toupet Europas aufgeplustert. Meine kindliche Seele war verstört, aber am meisten beunruhigte mich der Gedanke, daß wir zusammen mit diesem Mann einen Ausflug ins Schwimmbad planten. Ich konnte nicht schwimmen!

Bereits im Auto raunte Kittel mir verschwörerisch zu, auch er habe das wegen des Krieges nie gelernt, aber als echter Mann eine Lösung gefunden. Im Freibad ließ er dann die Hosen runter und entblößte vor mir sein kleines Geheimnis, das nach erfolgtem Aufblasen eine imposante Größe annahm. Breitbeinig vor mir stehend, gewährte er mir nun einen Blick auf seinen prachtvoll angeschwollenen «Schwimmkerl» – eine spezielle Schwimmhilfe, die unter der Badehose zu tragen war.

Inflated Trunks for Safe Swimming

AN inventor from Vienna has figured out a way whereby non-swimmers who like to go swimming in deep water may do so with perfect safety. He has perfected a water wing device, shown in the photo at the left, which amounts to a pair of inflated, airtight shorts or trunks. They are blown up by the small air pump when the swimmer is about to take to the water.

By means of these airtight, inflated trunks swimmers can safely paddle in deep water.

Man kann nur hoffen, daß sie tatsächlich *nur* durch die externe Luftpumpe gefüllt werden kann: die Nichtschwimmerbadehose. Hier das Vorgängermodell aus den dreißiger Jahren.

Eingenähte aufblasbare Luftkammern sorgten dafür, daß man nicht unterging. In einschlägigen Groschenromanen wurde der «Schwimmkerl» beworben: «Tragen Sie am Badestrand die Schwimmunterlage ‹Schwimmkerl›

DP, die sofort sicheres Schwimmen zum frohen Erlebnis macht. Aus Wäscheseide, mm-dünn, luftdurchlässig, auf Taille gearbeitet, bewirkt anschmiegsamen Sitz und eine unsichtbare Benützung ohne Beeinträchtigung der Körperform. Mit Goldmedaille und Diplom ausgezeichnet. Damen und Herren DM 24, ab 95 cm Taillenweite DM 26,50, Kinder DM 19, gegen Nachnahme, Rückgabe innerhalb 8 Tagen. Taillenweite angeben. Verlangen Sie kostenlose Schrift ‹Sofort sicher schwimmen›, denn: Endlich unsinkbar ist der Wunsch aller.»

Das Ding zeichnete sich natürlich deutlich unter der Badehose ab. Aber Adolf Kittel ging unbeirrt – jetzt allerdings sehr klein, da ohne Absätze, und fast haarlos, weil ohne Toupet – ins Becken. Genauer gesagt ins Nichtschwimmerbecken, in das ich ihm folgte, so daß wir fast gleich groß nebeneinander im achtzig Zentimeter hohen Wasser standen. «Mit dem Teil kann dir nichts passieren. Wegen der Luftkammern kann man nicht untergehen. Ich hab's noch nicht ausprobiert, ich geh nicht ins tiefe Wasser. Aber das Beste – die Weiber können es nicht sehen», frohlockte er. Obwohl ich erst zehn Jahre alt war, fühlte ich, daß seine Worte genausoviel heiße Luft enthielten wie die Kammern unter seiner Hose.

Bereits 1958 hatte der «Spiegel» die Luft aus dem «Schwimmkerl» abgelassen. Ein Artikel beschrieb den gescheiterten Versuch des Polizeibeamten Hartmeyer, mit der Schwimmhilfe über Wasser zu bleiben: «Selbst mit der aufblasbaren Patent-Schwimmunterlage ‹Schwimmkerl› (Werbeslogan: ‹Endlich unsinkbar›), die unter der Badehose zu tragen ist und für die Hartmeyer 16,90 Mark ausgab, vermochte er sich nicht über Wasser zu halten: ‹Ich gehe damit unter wie immer. Meine Knochen sind wohl zu schwer.›»

Noch in diesem Sommer lernte ich schwimmen. Ich übte wie ein Besessener. Heute glaube ich, daß mein Vater Adolf Kittel mit einer bestimmten Absicht ins Schwimmbad mitgenommen hatte.

Männerschuhe mit hohen Absätzen sind selten – ich kaufe sie nie. Schlechte Toupets sind selten – ich trage keins. Und der «Schwimmkerl» wird tatsächlich im Internet wieder angeboten – aber ich brauche keinen. Vielen Dank, Adolf Kittel!

Status: abgesoffen.

Oooh, ein Telegramm! Es war einmal eine Zeit, da Postkutschen mit gut sieben Stundenkilometern durchs Land bollerten und berittene Boten immerhin mit Tempo dreizehn über die Äcker jagten. Damals regte alles die Phantasie an, was mehr Schnelligkeit versprach, denn sosehr man sich auch mühte: Weiter als hundertfünfzig Kilometer an einem Tag kam keine Botschaft. Das schafft der Schall aber in weniger als acht Minuten.

Also begannen die Brüder Claude, Abraham und Ignace Chappe in Frankreich Ende des 18. Jahrhunderts, ihre Uhren auf die Sekunde genau abzugleichen, den Minuten auf dem Zifferblatt Buchstaben und Bedeutungen zuzuordnen und Bratpfannen als Gong zu benutzen. Ein «Boing!» um 14:23,17 konnte je nach Festlegung entweder «Wie geht's Mutti?» oder auch «Hab nix zu sagen» bedeuten.

So lieblich der Klang von Bratpfannen für jene war, die den Code kannten – den normalsterblichen Schweinehirten oder Bäckern mag das Gegonge tüchtig auf die Nerven gegangen sein. Die Brüder sattelten auf optische Übertragung um und durften bald für das Militär eine landesweite Serie von Türmen bauen, die mit dreiarmigen, wild fuchtelnden Gestellen auf dem Dach ausgestattet waren und damit 196 verschiedene Zeichen mit Wort- und Satzbedeutungen für Fernrohre in bis zu fünfzehn Kilometer Entfernung sichtbar machen konnten. 1844 soll es in Frankreich rund 534 solcher Stationen gegeben haben. Das erste optische Telegraphennetz der Welt umfaßte rund fünftausend Kilometer. Finanzier und Hauptnutznießer: das französische Militär. Auch nach Erfindung der Elektrizität und des Morsealphabets blieb Informationsübertragung vorerst ein Privileg des Militärs und der Wohlhabenden.

Die Angaben über das eigentliche Geburtsjahr des Telegramms sind widersprüchlich. In Deutschland wird meist 1833 genannt, als Carl Friedrich Gauß und Wilhelm Eduard Weber in Göttingen die erste Textbotschaft über eine achttausend Fuß lange Telegraphenleitung sendeten. Der Text soll «Michelmann kommt» gewesen sein. Für das Versenden dieser Nachricht hätte ein einfacher Arbeiter 1860 vier Stunden lang arbeiten müssen. Auch noch zu Kaisers Zeiten und lange darüber hinaus blieb das Telegramm eine Kommunikationsform, die man sich vom Mund absparte. Daher die Kürze. «ANKOMME MONTAG DREI UHR!» Jedes Wort muß sitzen. Das kann weh tun. «KEINE HOCHZEIT. BRAUT TOT.»

Das Erblühen und Verwelken dieser recht einsilbigen Kommunikationsform hängt mit Aufstieg und Fall der Übertragungstechnologien zusammen: Die Erfindung des Telex machte das Morsen überflüssig, der drahtlose Funk, der ohne teure Verkabelungen auskam, ließ im Vergleich zur Schriftform nahezu ausufernde Gespräche zu. Telefon und Radio kamen auf. Nachrichten wie «OSTFRONT WANKT! ERWARTEN VERSTAERKUNG» waren damit allen zugänglich, wenn sie nur BBC hörten.

Das Kommunikationsmedium des Internets, die E-Mail, bewog die Deutsche Post schließlich dazu, ab dem 31. Dezember 2000 keine Telegramme mehr ins Ausland zu befördern. Dabei waren es 1978 noch rund dreizehn Millionen Textmitteilungen, die als grauer Zettel von Postlern persönlich zu jeder Tages- und Nachtzeit überstellt wurden. Heute ist es der Presse sogar eine Meldung wert, wenn Rußlands Präsident Putin seinem Nachfolger Medwedew per Telegramm zur gewonnenen Wahl gratuliert.

Es war die Kürze, die dem Telegramm seine Wucht gab: Geschichten voller Tragik und Leidenschaft erreichten uns als semantisches Konzentrat, das durch umfassende Kenntnis der Lage entweder in Champagner oder Magenbitter verwandelt wurde. Und es war die Kürze, in der auch seine Tücke lag. In einem Lehrheft für die Ausbildung im Telegraphendienst, erschienen 1962 in Ostberlin, wird folgender Fall aus der Praxis geschildert:

Ein Telegraphist empfängt die Botschaft: «OMA BEN ABGEFAHREN». Der aufgeweckte Sachbearbeiter erkennt sofort, daß nur transsexuelle Omas Ben heißen können, und ergänzt den offenkundig fehlerhaften Text um den einzig passenden Buchstaben. Die vervollständigte Nachricht wird umgehend übermittelt: «OMA BEIN ABGEFAHREN». Das löst verständlicherweise einiges an Sorge bei den Empfängern aus, die sogleich zu Oma Ben reisen, diese aber nirgends finden können. Schon wähnen sie Oma Ben einbeinig und in einer verzweifelten Lage. Dabei ist es kein Wunder, daß sie sie weder zu Hause noch im Krankenhaus antreffen, hatte sie doch ursprünglich telegraphiert: «OMA EBEN ABGEFAHREN».

In unseren ehemals sozialistischen Nachbarländern waren Telegramme der Zahl und Bedeutung nach gewichtiger. Mitte der fünfziger Jahre wurden in der Republik der Telefonlosen doppelt so viele Telegramme verschickt wie im Westen, und an der Grenze zu Polen ersetzte ein Fernschreiben mit einer Todesnachricht vor Einführung des visafreien Grenzverkehrs die Einreiseerlaubnis. Durch entsprechende Todesbotschaften aus dem Westen ließ sich das Verfahren für die Erteilung der Ausreisegenehmigung ebenfalls beschleunigen, und mit einer kurzen Antwort, daß man ohnehin ausreisewillig sei, konnte man sich selbst einen Haftbefehl ausstellen.

Im Westen befand das Bundesverfassungsgericht eher unspektakulär, daß Kündigungen per Telegramm rechtsunwirksam seien, und in der wiedervereinigten Republik brachten geschäftstüchtige Kuchenforscher 2008 die Telegrammtorte mit Marzipan und Kirschwasser auf den Markt, die man für 22,95 Euro mit neun sahnigen Worten beschriftet einem Süßschnabel zusenden lassen kann.

Das Telegramm ist dennoch ein Fossil. Auch wenn sich heute noch bei der Bundespost Telegramme in Auftrag geben lassen – entweder in der unverzierten Miniversion mit maximal zehn Wörtern für 15,20 Euro oder aber mit Schmuckbildern, die den Adressaten so manchen Nachrichteninhalt vergessen lassen, weil ihn die Frage quält, ob die verfügbaren Motive wirklich den Einheitsgeschmack abbilden. Die Konkurrenz im Internet ist auch nicht besser. Seufzend erinnert man sich des aufgeklebten Telexstreifens auf schlichtem Formblatt.

Rund zweihundert Jahre lang haben Menschen per Telegramm das Allernotwendigste übermittelt. Einer der Autoren erhielt im Laufe seines Lebens nur ein einziges. Es war weder originell noch ein Notfall. Der Wortlaut kam ihm noch viele Male unter. Doch 1984 trieb es ihm Tränen der Rührung in die Augen. Er öffnete den Umschlag und las die drei Worte: «ICH LIEBE DICH». Nicht mal eine Unterschrift war nötig.

Status: aufgegeben.

Partykeller Der Zweite Weltkrieg bot den Deutschen Bunkeraufenthalte satt. Entsprechend verhalten war anschließend ihr Verhältnis zu Gewölben und Katakomben jeder Art. Im Lichte des Friedens werkelten sie lieber an der Oberfläche, sie buddelten und stapelten, sie bauten und verputzten über ein Jahrzehnt lang. Sie versuchten, wieder zivilisierte Menschen zu werden.

Dann endlich standen Eigenheim und heile Welt. Zu Hause war es jetzt durchweg behaglich. Und nach mageren und zähen Jahren brachen sich uralte Gelüste wieder Bahn: erst die Arbeit, dann das Vergnügen. Prost, meine Herren, wir wollen einen heben. Aber richtig, bitte!

Freude hat man vor allem dann, wenn man sie mit anderen Menschen teilen kann. Kohorten Feierwütiger haben im Partykeller ihren Dienst an der Flasche versehen, Muttis speckige Hüften begrabbelt und Vatis Wanst im Engtanz gebändigt. Erst twistend und mit Boogie-Woogie, dann zur Beatmusik und headbangend. Ein flottes Seit-ran-Seit ging immer; Blues und Schieber sowieso. Musikalisch begleitet wurden unsere Eltern zunächst von Peter Alexander und den Animals, vom frühen Udo Jürgens (als er tatsächlich noch nie in New York war) und natürlich von den Beatles. In den Sechzigern war – wie der «Tagesspiegel» titelte – die Stimmung im Keller.

Der Partykeller mußte vor allem eins sein: gemütlich. Ohne Bar und ohne eine entsprechend breite Batterie von Hochprozentigem war dieses Ziel, nüchtern betrachtet, kaum zu erreichen. Geleerte Pullen und Fässer zierten nicht selten Decke, Wände und Tische. Sie waren der untrügliche Nachweis, daß zumindest in früheren Tagen Menschen an diesem Ort Spaß hatten. Oder Kopfweh. Bevorzugter Wandbehang waren zunächst die erbeuteten Trophäen vom jährlichen Einfall in die Nachbarländer, die museal zur Schau gestellt wurden. Ein Fischernetz aus Rimini, korbumwickelte Flaschen aus Spananien, wie die richtig Lockeren zu sagen pflegten. Später ersetzte die tropische Fototapete auch eigene Schnappschüsse und Mitbringsel. Rettungsreifen vom nahe gelegenen Baggersee, abmontierte Schilder, Werbebanner und – für die Kultivierten – hier und da auch einfach mal ein peppiges Kinoplakat. Insignien des öffentlichen Lebens wurden in der Kellerhöhle, was das Hirschgeweih im Jagdhaus war: Beweis für die triumphale Überlegenheit der menschlichen Rasse. Wer es so weit gebracht hat, darf sich wenigstens im Zwielicht des Kellers mal danebenbenehmen.

Frivol war die Stimmung, die Frage des Abends stets: «Wo bitte ist die Toilette?» Vati trug Koteletten, Mutti ein kurzes Kleid und toupierte Haare, während sie den Käseigel kredenzte. Wer es ganz dicke hatte, leistete sich kneipenartige Vorrichtungen wie die kopfüber gelagerte Zwei-Liter-Branntweinflasche. Immer neue Freunde der Familie suchten den Weg nach unten. Flaschendrehen, Luftballon-Engtanz und Polonaise gehörten zum festen Ritual. War es Klaustrophobie oder das lauter werdende Grollen und Grölen der herannahenden Spaßgesellschaft, das die Menschen irgendwann wieder aus den Kellern vertrieb? Oder schlichtweg die neuen Großraumdiskotheken, die Dorfjugend und Kleinstädter anzogen wie ein salziger Leckstein die Kühe?

Ein Grund für das Verschwinden des Partykellers war sicher das Bestreben, die Anzahl der sozialen Kontakte zu erhöhen. Eine offene Gesellschaft ist neu- und begieriger. Warum zu acht im Keller hüpfen, wenn man zu Frankie goes to Hollywood doch wesentlich besser in der nächsten Disse toben kann? Und dann erst die Raves.

Brennendes Interesse zeigen nur noch vereinzelte Volkskundler. Im März 2008 fand im ostwestfälischen Minden eine Ausstellung statt, die sich dem verschüttgegangenen Hort ausgelassener Freude widmete. Sie trug den Titel: «Heute lade ich mir Gäste ein – Kulturgeschichte der privaten Feiern nach 1945». Durch die Presse ging ein Seufzen. Ach ja, der Partykeller. Da hatte jeder mal die Hand unter ein T-Shirt geschoben oder die fette Buchtel küssen müssen, weil beim Flaschendrehen die Bierpulle auf einen zeigte.

Tja, und dann gibt es eben doch noch ein paar wackere Bastler und Handwerker, die partout nicht vom Ausbau ihres Kellers lassen können. Die Internetseite zimmerschau.de bezeugt auf bedrückende Weise, wie moderne innenarchitektonische Standards verletzt, der gute Geschmack untergraben und bauliche Katastrophen zum *state of the art* verklärt werden können. Wer die verbliebenen unterirdischen Partyhöllen dort gesehen hat, will und muß auch nie wieder zum Lachen in den Keller.

Status: ganz unten.

Paternoster In Amerika hat er nie Fuß fassen können, in Europa wird er nicht mehr gebaut, und Deutschland wartet seit über einem Jahrzehnt auf seinen endgültigen Verschleiß. Dann wird er zerstückelt auf die Müllhalden und Schrottplätze wandern.

Der Paternoster war, ist und bleibt nicht das sicherste Beförderungsmittel für Personen, die vom ersten in den zweiten Stock gelangen wollen. Zehnmal betet der brave Katholik denn auch das Ave-Maria, die elfte Perle auf der Schnur ist dem Vaterunser, auf Latein: dem Paternoster, vorbehalten. Daher fungierte der Rosenkranz als Vorbild für dieses ehemals revolutionäre Transportsystem, das in seinen Grundzügen schon im Bergbau Anwendung fand.

Noch schönere Bezeichnungen ergaben sich überall dort, wo im innerbetrieblichen Transportwesen das Zweiklassensystem vorherrschte: Die einen hatten den Proletenbagger zu benutzen, die anderen fuhren flugs mit dem Bonzenheber zu ihrem Arbeitsplatz.

Dabei geht es nicht um Zeitersparnis. Mit einer Durchschnittsgeschwindigkeit von dreißig Zentimetern pro Sekunde bräuchte eine Kabine des 1876 in London zunächst zur Paketbeförderung eingeführten Transportsystems eine knappe Viertelstunde, um die 259 Meter des höchsten deutschen Gebäudes, des Towers einer Bank in Frankfurt am Main, emporzusteigen.

Täglich eine zusätzliche halbe Stunde in einem knarzenden Holzkasten durch die Gegend zu gondeln ist nicht jedermanns Sache. Zumal nur ein Mitfahrer erlaubt

Extremsportler Edwin Rottelbär kurz vor der dreiundachtzigsten Umkreisung des Erdkerns.

ist. Der Rekord soll laut «Spiegel» allerdings bei vierzehn Passagieren liegen. Nach einer feuchtfröhlichen Feier in der Hamburger Wirtschaftsbehörde seien die ersten in die Tiefe der noch nicht vollends aufgetauchten Kabine gesprungen, die letzten wurden dann hochgezogen. Wer will da Nummer 15 sein?

Denn immer wieder gab es diese häßlichen Unfälle:

Man hörte von Fensterputzern mit Kaffeebecher in der Hand und Leiter über der Schulter, die meinten, im letzten Augenblick noch in die Kabine einsteigen zu müssen – Splitterbrüche in Holz und Schlüsselbein waren die Folge. Von Scherzkeksen, die gebückt kuckuck! und winkewinke! zu der im Stockwerk verbliebenen Person machen wollten und die Rübe dabei zu weit vorschoben. Wie kopflos! Verstiegenen, die ihren Mitarbeitern bis zur letzten Sekunde mit dem Gesicht zum Flur gewandt noch Anweisungen zuriefen, um dann beherzt in die bodenlose Leere der Gondelmitte einzutreten. Knacks! macht der Fuß, zapp! die Außenbänder.

Von 1977 bis 1986 wurden im Zusammenhang mit den damals noch existierenden fünfhundert Paternostern dreiundzwanzig Unfälle mit Verletzten registriert, drei Menschen kamen um. «Das sind 26 Unfallopfer zuviel!» befand der deutsche Aufzugsausschuß und wollte 1988 dem Paternoster nur noch eine Gnadenfrist bis 1994 gewähren. Das rief den «Verein zur Rettung der letzten Personenumlaufaufzüge» auf den Plan: Autofahren und zu Fuß gehen müßten dann ja wohl auch verboten werden; außerdem ermögliche die Fortbewegung mit der Geschwindigkeit von etwa einem Kilometer pro Stunde eine «behaglich-behäbige Raumerfahrung», die sonst nirgends mehr zu machen sei. In den Ministerien und anderen Hochburgen der Staatsdiener kreisten Unterschriftenlisten. Eine bessere Lobby kann man nicht haben. Nostalgie tat ihr übriges. Die Argumente verfingen. Der Bundesrat kassierte das Gesetz.

Seitdem ziehen die Kabinen ihre Bahnen vor allem in Behörden und Ämtern, sprich: Gebäuden mit begrenztem Publikumsverkehr. Der Gesetzgeber geht offenbar davon aus, daß hier Wagemut, wilde Experimente und Abenteuerlust ohnehin keine gefährlichen Grade überschreiten.

Paternoster sind heute zur Rarität geworden – es gibt in Deutschland nicht mal mehr hundert von ihnen. Sie wirken wie metaphysische Vorrichtungen: Einem Perpetuum mobile gleich, verbinden sie Himmel und Erde für jeden einsehbar und in einer Stetigkeit, die scheinbar keinen Beweger erfordert. Wohin führt der Weg? Da es beim Paternoster zugleich hoch- und runtergeht, gibt er den Blick auf etwas tiefer Liegendes frei: die pure Freude, überhaupt da und gegenwärtig zu sein.

Status: läuft, aber nicht mehr lange.

Pillhuhn Im Laufe der Jahrmilliarden hat die Evolution so manche Sackgasse erkundet. Bisweilen können Wesen, die einen solchen Irrweg eingeschlagen haben, sich darauf erstaunlich lange behaupten. Da ist der Nacktmull, ein Nagetier, das dem schrumpeligen Fortpflanzungsorgan eines hochbetagten Albinos ähnelt und zu allem Überfluß auch noch mit zwei Hasenzähnen bestückt ist. Er verschandelt die ohnehin schon halb verwüsteten Gebiete Ostafrikas. Oder sein Namensvetter aus den Sümpfen Nordamerikas und Kanadas: Der Sternmull hat neben überaus ungepflegten Fingernägeln auch zweiundzwanzig zappelige kleine Fleischzapfen im Gesicht und sieht damit um die Nase aus wie eine Aster aus Würmern. Da beeindruckt es auch wenig, daß er mit diesen Tentakelchen in Millisekunden potentielle Nahrungsmittel abtasten und bei Bedarf verschlingen kann. Familie Mull würde so schnell sicher keiner essen. Da ist jede Made appetitlicher.

Doch auch künstliche Geschöpfe können großen Widerwillen und nahezu Ekel erzeugen. Dazu gehört der breitlippige grüne Wassermann namens Plumpaquatsch, der uns montags im Vorabendprogramm bedrohte. Er hatte einen Mund wie ein Klopümpel, einen froschartigen Körper und Haare so zottelig wie des Sternmulls Schlabbertentakel. Erst nach fünfundsiebzig Folgen gelang es dem Scheusal, sich mit seinem Zauberspruch «Hokuspokus, glucks und trübes Wasser!» von der Bildfläche zu entfernen. Anderes Getier stirbt wenigstens aus lauter Rücksicht sang- und klanglos aus. Wir denken hier namentlich an eine Kreatur, die – wie ➶ Eumel und Gilb – zur Gattung der sackgesichtigen Nutzloslinge (*Vultus sacci inutilis*) gehört: das Pillhuhn.

1969 Hirn und Feder des Hamburger Werbekaufmanns Clemens Krauss entsprungen, war dieses Pseudoküken – ihm fehlt der Schnabel – lange Zeit in seiner ganzen Sinnlosigkeit omnipräsent: Als «Comic mit dummem Spruch» tauchte es zunächst in Programmzeitschriften auf, kam in «Bild am Sonntag» zu nationaler Verbreitung und wurde alsbald während elend langer Mathe- und Deutschstunden in jedes Schülerheft gekritzelt. Eine gezackte Eihälfte, aus dem ein Wesen mit schwabbeligen Hamsterbacken und riesigen Kulleraugen lugte: Fertig war die Witzfigur. Intellektuelle Schüler stellten ihre Weltläufigkeit zur Schau, indem sie darunterschrieben: «Pillhuhn was here!» Und angehende Graphiker malten Pillhuhn auch in komplexeren Lebenslagen, zum Beispiel bei der Fortpflanzung mit anderen ihres Schlages.

Doch häufig verschwinden solche intelligenzvernichtenden Erreger nicht einfach, sondern ihre evolutionären Nischen werden von anderen besetzt. Die Diddl-Maus, immerhin schon ein Säugetier, verdrängte das motorisch minderbegabte Pillhuhn. Diddl ist zwar feingliedriger und hat viel mehr Abarten ausgebildet, steht dem Pillhuhn aber an Sinnlosigkeit in nichts nach. Das Vergnügen, vom Aussterben der Diddl-Maus berichten zu können, blieb den Autoren dieses Buches bislang leider vorenthalten.

Status (hoffentlich): aus die Maus.

Pioniere, Junge In der DDR war ja vieles weitaus gründlicher durchdacht als in der BRD. Zum Beispiel die Konsistenz der Brötchen: kompakt, würzig, mehlig. Nicht so aufgeblasen wie im Kapitalismus. Ferner die in geschlossenen Muschelhälften dargebotene Vanilleeiscreme und die Selbstschußanlagen allüberall. Und natürlich die Stasi. Die funktionierte so gut, daß sich die Bundesrepublik geschlagen gab und nicht mal im Traum daran dachte, einen ähnlich menschenfressenden Moloch ins Leben zu rufen.

Dafür gab es im Westen aber Volltrottel wie einen der Autoren, ideologische Satelliten, die ab und zu mal ein aufgeschnapptes Argument abstrahlten, um die Ostverwandtschaft vor den Franz Josef Straußens dieser Welt in Schutz zu nehmen. Sommers zu Gast bei der Familie drüben, wurden seine Eltern und er ideologisch geschult. Da hatte man nicht viel zu lachen. Onkel H., Direktor an einer Polytechnischen Oberschule, hatte Philosophie studiert, sprach fließend ML (Marxistisch-Leninistisch) und scannte, mit dem Zeigefinger auf das schwärige Westfleisch zeigend, unsere im Imperialismus verrottenden Leiber nach Schwachstellen ab. Seine bei einem Fläschchen Goldkrone destillierten Parolen sollten uns als Heilmittel dienen. Auch Cousin und Cousine mußten antreten und absondern, was man ihnen im zarten Alter von sechs und acht Jahren eingetrichtert hatte. So brachten sie der verweichlichten Westverwandtschaft «Die Gebote der Jungpioniere» zu Gehör:

«Wir Jungpioniere lieben unsere Deutsche Demokratische Republik.
Wir Jungpioniere lieben unsere Eltern.
Wir Jungpioniere lieben den Frieden.

Wir Jungpioniere halten Freundschaft mit den Kindern der Sowjetunion und aller Länder.
Wir Jungpioniere lernen fleißig, sind ordentlich und diszipliniert.
Wir Jungpioniere achten alle arbeitenden Menschen und helfen überall tüchtig mit.
Wir Jungpioniere sind gute Freunde und helfen einander.
Wir Jungpioniere singen und tanzen, spielen und basteln gern.
Wir Jungpioniere treiben Sport und halten unseren Körper sauber und gesund.
Wir Jungpioniere tragen mit Stolz unser blaues Halstuch.
Wir bereiten uns darauf vor, gute Thälmannpioniere zu werden.»

Wir waren baff. So ein schickes Hemd. So ein schönes blaues Halstuch. Und diese tadellosen Manieren. Aber seinen Pillermann für den Staat waschen – das war schon sehr besonders!

Der «Kampf für Frieden und Sozialismus» wurde per Staatsorder an allen Fronten geführt. Elissa H., Jahrgang 1975, erinnert sich: «Man traf sich zum Pioniernachmittag nach der Schule, teilte die Klasse in verschiedene Gruppen auf, und dann ging's mit Handwagen oder Fahrradanhänger durchs Dorf, zum Altstoffsammeln. Es gab immer einen Wettkampf, wer am meisten zusammenkriegen würde. Wir sind also von einem Neu-

«Sagt mal, von wo kommt ihr denn her?!» – «Aus Schlumpfhausen, bitte sehr!» Ost-Schlümpfe der Herbst/Winter-Kollektion 1972/73.

bau zum nächsten. Die meisten sind gern ihr Altpapier (schön gestapelt und mit einem Band verpackt) und ihre Flaschen losgeworden. Manche haben einem aber auch die Tür vor der Nase zugeschlagen: ‹Wir geben nüscht. Wir sammeln selber.›*

Bei der SERO-Annahmestelle (Sekundärrohstofferfassung) bekamen wir dann fünfundzwanzig Pfennige für das Kilo Altpapier und für Flaschen und Gläser ungefähr fünf Pfennige. Bis zu sechzig Ostmark haben wir so gesammelt. Oft wurde das Geld für Klassenfahrten ausgegeben (ins Indianermuseum nach Radebeul zum Beispiel, wo ich dann beim Zahnarzt rumhing – toll!). Von Zeit zu Zeit wurde es auch gespendet. Ins sozialistische Ausland, wo es nicht so gut lief wie bei uns.** Nicaragua zum Beispiel!»

Zwischen 1970 und 1989 waren zwischen fünfzehn und dreißig Prozent der Kinder und Jugendlichen in der DDR *nicht* in der FDJ und den ihr untergeordneten Organisationen engagiert. Ärztliche Atteste wegen Ideologie-Allergie gab es nicht. Pastorssohn zu sein konnte allerdings helfen. Freidenker hatten es schwerer.

In der 4. Klasse wurden die Jungen Pioniere zu Thälmannpionieren (➶Honecker, Margot), ab Klasse 8 Mitglied der FDJ. «Freiwillige» Arbeitsleistungen am Wochenende, Subbotnik genannt, gehörten ebenso zum

* Die hatten das mit der Idee von der Gemeinschaft wohl noch nicht verstanden.

** Ha, ha!

Pionieralltag wie Besuche bei der Patenbrigade. Überhaupt gab es zahllose Verpflichtungen: «Unser Pionierobjekt ist, zwei Hektar Rüben in persönliche Pflege zu nehmen. Wir sammeln auch Weißkleesamen. Der ist sehr wichtig für die Schweinezucht. Wir haben im Herbst ein Feld nachgelesen und dabei so viele Kartoffeln gesammelt, daß man drei Schweine mästen kann!»

Es war diese friedfertige Bodenständigkeit des prospektiven Proletariats – «Die Zukunft der proletarischen Jugend ist das Proletariat» (Karl Liebknecht) –, die der Westen dem Osten neidete. Das wußte jedes Kind. Auch jener anonyme Schüler einer 6. Klasse, der sich im Februar 1951 in einem Offenen Brief an Bundeskanzler Adenauer wandte: «Wir brauchen Ihre Bombenflugzeuge, Kriegsschiffe, Panzer und Kartoffelkäfer nicht, sondern Traktoren zur Bestellung der Felder. Wir wollen unsere Heimat nach dem Vorbild der Sowjetunion in Frieden aufbauen.»

Nachdem die Nummer mit den Kartoffelkäfern aufgeflogen war, hatte Adenauer ganz schön zu kämpfen, und schon zwölf Jahre später war er politisch am Ende. Kurzum: An den Jungen Pionieren lag es also nicht, daß die DDR am 3. Oktober 1990 mit der Bundesrepublik vereint wurde.

Status: nimmer bereit.

Popper Martin Fry ist der Sänger der Popband ABC. «The Lexicon of Love» war das erfolgreichste Album des einstigen Quintetts. Stets in feinem Zwirn und mit geckenhafter Körpersprache, erreichten die fünf gleich mit der ersten Platte 1982 den Zenit ihres Erfolgs. Heute trägt Fry allein den Namen der Kapelle, die er 1980 in Sheffield mitbegründete. Alle seine musikalischen Gespielen sind fort. Auf den jüngsten Fotos sieht er aus wie der Zwillingsbruder von Roland Kaiser. Martin Fry ist wahrscheinlich der bekannteste und dienstälteste Popper der Welt. Und er weiß es nicht einmal.

In unseren europäischen Nachbarländern hat es die Popper, so wie wir sie kennen, nämlich nie gegeben. Punks mit No-Future!-Parolen auf den martialisch aufgemotzten Lederjacken und mit Sicherheitsnadeln im Ohr schnorrten in Rom, Amsterdam und London Lire, Gulden oder Pfund. *Das* war ein Skandal! Die Sex Pistols! Die brutalen Skins. Aber diese, diese ... wie hießen die noch mal? Auch Teds, Mods, Rocker und Rockabillies waren internationale Phänomene. Aber Popper? Vergnügungssüchtige Geister mögen bei dem Wort an die sexuell stimulierende Droge «Poppers» gedacht haben (➶ Klosteine), ursprünglich ein Mittel gegen Angina pectoris, dessen gefäßerweiternde Wirkung nach fünf bis zehn Sekunden schlagartig einsetzt. Ein Knaller. Zumindest dem Namen nach. «To pop» bedeutet «knallen».

Warum aber erregten die Popper so viel Aufsehen im damaligen Westdeutschland, daß sich verzweifelte APO-Muttis im «Stern» coram publico über die angebliche Gehirnerweichung ihrer vespafahrenden Zöglinge ausließen, derweil die in vollem Fiorucci-Ornat vor den Fotografen posen durften?

Popper galten als eitel, arrogant und erzkonservativ. Sie rauchten Marken mit goldenen Schriftzügen oder Schachteln, trugen Penny Loafers, Karottenjeans und Poloshirts und kompensierten ihre mittelmäßige schulische Begabung mit aggressivem Konformismus. Das machte sie später zum idealen Anwärter auf den Beruf des Anwalts und Betriebswirts. Vornehme Wohngegenden rund um die Hamburger Alster gelten als ihre Brutstätte. Im keimfreien Klima betuchter Elternhäuser vermehrten sie sich besonders gut. Sie kifften nicht, sie gammelten nicht, sie hatten nichts zu sagen. Geld war ihr Herzblut, Musik der Botenstoff, der ihr Immunsystem zur Abwehr von Ideologien anstachelte. New Waver und New Romantics brachten per Video die frohe Kunde: Kaschmir statt Klassenkampf.

Stil- und Modebewußtsein, Wertschätzung des Äußeren und Konsumfreude waren in Deutschland Ende der Siebziger verpönt. Ostentativer Hedonismus provozierte. Aus den Reihen der Atomkraftgegner und Anarchos scholl es: «Haut die Popper platt wie 'n Whopper!» Durch den Popperscheitel halbseitig abgeschirmt vor solchen Anfeindungen, machte der Popper sich den Leitspruch «Sehen und gesehen werden ist des Poppers Glück auf Erden» zu eigen, der ihn eigentlich in seiner ➶ Ehre treffen sollte, und kultivierte eine Lebensform, die sich im adulten Zustand als Yuppie entpuppte.

Ab 1983 gab sich die Gesellschaft schließlich geschlagen: Die ARD etablierte die Musikclipsendung «Formel Eins» (➶ ZDF-Hitparade). Auf einmal sahen alle aus wie Popper. Simon Le Bon von Duran Duran, Midge Ure von Ultravox, Philip Oakey von The Human League, Mike Score von A Flock of Seagulls, zu allem Überfluß auch noch gelernter Friseur! Und eben Martin Fry. In goldenem Anzug genoß er das Spiel von Anziehung und Abstoßung mit einer Rita-Hayworth-artigen Dame, die er aufforderte, sie möge ihm bitte ihren Giftpfeil ins Herz schießen. «Who broke my heart? You did! You did!» Ein Satz, den einige gründlich falsch verstanden (➶ Compact Cassette).

Frys Musik jedenfalls schlägt heute keine Wellen mehr. Den ausgedünnten, fransigen Scheitel trägt er nach wie vor, *un homme très chic*. Konzertfotos aus dem Jahr 2006 zeigen ihn vollschlank in violettem Anzug mit braunem Streifenhemd. Pausbäckig, rotwangig und sichtlich betagt, hat er sich 2008 zu einem neuen Album verstiegen. Seine Stimme klingt voller, reifer und tiefer denn je. «Traffic» heißt das Album. Solide Arbeit, aber nichts Neues. Interessant nur dann, wenn es auch textlich düsterer wird, die Tonart in Moll wechselt und er in die Tabuzone des Poppers vordringt: das Dunkle, das Aggressive, das Morbide. Dreck. Sex. Gewalt. Tod. Alles, was den Popper interessierte, mußte man ablecken, polieren oder bügeln können. Der Rest existierte einfach nicht.

Für Normalsterbliche drängt sich die Frage auf: Woran ging der Popper schließlich zugrunde? Die Antwort hämischer Witzbolde: am Genickbruch, als er seine Tolle zum x-ten Mal aus dem Gesicht nach hinten warf. An Haarausfall dachte dabei keiner (➶ Haare).

Doch der Popper erlitt keinen gewaltsamen Tod, und er hatte auch kein Siechtum zu ertragen. Er ist einfach in die Gesellschaft diffundiert. Seine süßlichen Weichspülaromen, die Odeurs seiner Selbstverliebtheit und die ätherischen Öle seines Materialismus liegen heute überall in der Luft. Wir alle haben seinen Geist geatmet.

Fielen seine aktiven Leistungen für das Gemeinwesen eher bescheiden aus, so sind einige Wirkungen seiner luxuriösen Existenz dennoch unübersehbar. Dem in Gesellschaft stets trinkfreudigen Popper, seiner Verachtung gegenüber Primatenplörre (Bier) und Wein, verdanken wir letztlich das Aufkommen der Alkopops, durch deren Gebrauch sich heutzutage nicht unwesentliche Teile der Jugend aus der Welt des regen Gedankenaustauschs grölend ins Koma verabschieden. Edelmarken der Siebziger wie Lacoste oder Burlington erleben eine Renaissance, und hier und da ist auch schon mal jemand in der CDU schwul.

Überlebt hat die Popper-Welle nur einer: Martin Fry, der Mann, der noch 1985 auf seinem Album «How to be a Zillionaire» feststellte: «I've seen the future, I can't afford it.» Ich habe die Zukunft gesehen. Ich kann sie mir nicht leisten. Voll Punk, der Mann, ey.

Status: «Vanity kills».

Postfiliale Jahrzehntelang haben sich Kunden bei der Post über den Service aufgeregt. Dabei blieb ihnen die Einsicht verwehrt, daß nicht die Staatsdiener das Problem waren, sondern sie selbst. Schließlich konnten Postschalterbeamte sich bei der Organisation ihrer Arbeit nicht von den profanen Wünschen der Kunden leiten lassen, sondern hatten andere, höhere Ziele zu verfolgen. Denn laut Gesetz sind Beamte Diener des ganzen Volkes, nicht einer Partei oder sonstigen Gruppe. Sie haben ihre Aufgaben unparteiisch und ohne Rücksicht auf die Person, nur nach sachlichen Gesichtspunkten zu erfüllen. Zwar hatte der Postbeamte nichts gegen vorübergehenden Publikumsverkehr in seinen Diensträumen, aber es mußten bestimmte Prinzipien eingehalten werden: Dienstbeginn, dienstliche Verpflichtung zur Pause und Dienstende. War es also vernünftig, eine Pause einzulegen, wenn gerade sowieso kein Postkunde abgearbeitet werden mußte? Nein! Eine Pause diente ja zur Unterbrechung anstrengender Arbeit: Wo keine Arbeit zu tun ist, kann sie auch nicht unterbrochen werden. Dieses – von den Postkunden gefürchtete – «Pausenprinzip» führte zu vielen offenen Schaltern bei abnehmendem Publikumsverkehr und zum sofortigen Anstieg von Schalterschließungen, sobald mehr Kunden die Postfiliale betraten. Wenn es um das große Ganze – die Regeln des deutschen Beamtentums – ging, mußten die Minderheitsinteressen der Postkunden eben zurücktreten.

Ein Postbeamter trug große Verantwortung, und seine Arbeit brauchte die Zeit, die sie brauchte. Kann man eine Herztransplantation beschleunigen, weil der Patient später noch im Supermarkt einkaufen will? Nein! Soll der Brief auch ankommen, oder soll er nur weg? Wollen Sie das Paket, das an Sie adressiert ist, oder nehmen Sie irgendeins von denen, die hier rumstehen?

Allerdings ist das nun vorbei. Der Postbeamte genießt längst seine Pension, und die Zeit der Postfiliale ist ebenfalls abgelaufen. Aus den eigenen Reihen wurde ihr der Brieföffner in den Rücken gestoßen: Mitte des Jahres 2008 verkündete die Führungsspitze der Deutschen Post die Abwicklung der letzten verbliebenen siebenhundertfünfzig Postfilialen. Bis zum Jahr 2011 sollen diese in private Postagenturen umgewandelt werden. Der Einzelhandel soll als Partner der Post die Betreuung der Kunden vor Ort übernehmen. McPaper & Co. verkaufen dann Briefmarken und nehmen Päckchen entgegen. Das Gute daran ist, daß mit Sicherheit keine Schalter mehr geschlossen werden, wenn es voll wird: Statt der Schalter gibt es nämlich nur Registrierkassen. Pakete holt man dann in Packstationen ab. Briefmarken kann man sich mittlerweile aber auch aufs Handy schicken lassen. Sendet man eine SMS an die 22122 mit dem Kennwort «Brief», erhält man als Antwort einen zwölfstelligen Code, der auf den Brief geschrieben werden muß. Der Service ist teuer, er kostet 95 Cent, die per Handyrechnung abgebucht werden. Hier ein Geschenk, ein noch unbenutzter Code: 8215 5468 8082! Allerdings können Sie wohl auch irgendeine zwölfstellige Zahl verwenden. Das zumindest will im September 2008 das Verbrauchermagazin «teltarif.de» herausgefunden haben. Ein Testbrief mit Phantasienummer kam nach drei Tagen ohne Nachportoforderung an. Und ab die Post!

Status: unbekannt verzogen.

Q Q starb am 19. Dezember des Jahres 1999 im Alter von fünfundachtzig Jahren an den Folgen eines Autounfalls. R trat an seine Stelle. Aber R war nicht Q. Er, also R, war eher eine Witzfigur. Q stand für das alte britische Empire: verschroben, kryptoaristokratisch, sympathisch, humorvoll, ohne albern zu sein. Q wäre mit seinem rustikalen Charme auch als später Lover von Miss Marple durchgegangen. Ein väterlicher Typ, der für Ihre Majestät, die Königin von England, sein Bestes gab.

Sechsunddreißig Jahre lang hatte Q, Schöpfer und Bewahrer von James Bonds Spielzeugsammlung, nur einen glaubwürdigen Darsteller: Desmond Llewelyn. Es war die Rolle seines Lebens. John Cleese folgte ihm für drei Jahre. Dann brach sich das digitale Nanozeitalter mit reichlich Verspätung auch in einer der längsten Fortsetzungsgeschichten der Filmwelt Bahn. James Bond kommt seither ohne Geheimwaffen und Zeugwart aus. Wozu explodierende Telefonzellen, wenn ein paar Gramm Plastiksprengstoff im Handy ein viel größeres Desaster anrichten? Warum noch raketenwerfende Zigaretten wie in «Man lebt nur zweimal» (1967)? Oder eine Wasserpfeife als Schußwaffe wie in «Der Spion, der mich liebte» (1977)? Oder eine Laser-Armbanduhr, präsentiert in «Sag niemals nie» (1983)? Geheimwaffen waren ein abgedroschenes Mittel, wenngleich sie bei den Mitarbeitern von CIA, MI6 und KGB in den ersten beiden Lebensjahrzehnten Bonds Omnipotenzphantasien auslösten: Nach jedem Film häuften sich die Anfragen in den Waffenabteilungen. Ob es das denn wirklich gebe. Wenn nein, ab wann? Ob man das nicht auch mal basteln könne.

Richard Helms, von 1966 bis 1973 CIA-Direktor, erklärte dazu später: «Unsere Gerätschaften beinhalteten auch einige technische Spielereien aus den Bond-Filmen. Die beeindruckendsten davon waren jedoch oft sehr zer-

Eine der seltenen Pannen Qs: die Explosion eines Gipsbeins nach Käsesockengasbildung.

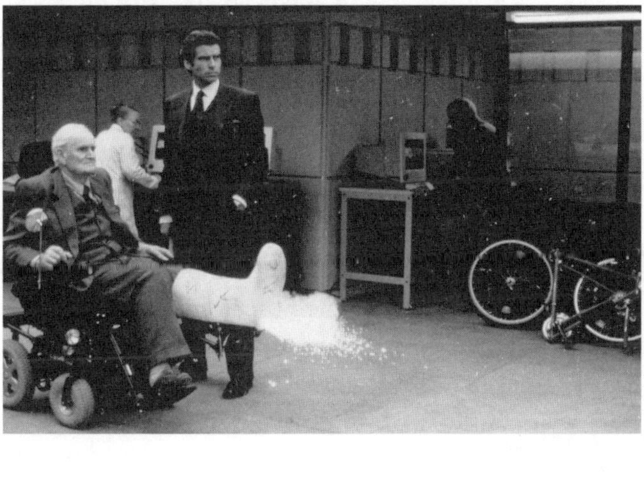

brechlich. Deshalb hat es immer einige Zeit gedauert, bis unsere Agenten lernten, mit diesen ‹Primadonna-Waffen› entsprechend behutsam umzugehen, anstatt sie einfach auf den Autorücksitz zu werfen.»

Gerade das Mädchenhafte Bonds, seine grazile Seite, rief Q auf den Plan. Sein literarischer Vater, Ian Fleming, hatte ihn mit einer für den Geschmack des englischen Waffenexperten Geoffrey Boothroyd allzu niedlichen Pistole ausgestattet. Daher wandte Boothroyd sich an Fleming: «Es mißfällt mir besonders, daß ein Mann, der mit allen möglichen äußerst gefährlichen Leuten in Berührung kommt, eine 25er-Beretta benutzt. Diese Waffe ist tatsächlich nicht mehr als eine Damenpistole. Falls Mr. Bond eine leichte Waffe benutzen muß, wäre er mit einer 22er-Pistole für Randfeuer-Munition besser dran. Die Bleipatrone würde mehr Schockwirkung erzielen als die Mantelgeschosse vom Typ 25. Darf ich vorschlagen, daß Mr. Bond mit einem Revolver bewaffnet wird?»

Den meisten Quellen zufolge entspann sich ein reger Briefwechsel zwischen Fleming und Boothroyd, in dem letzterer seine Waffenkompetenz anbot. Fleming nahm Boothroyd in Bonds Beraterstab auf. Q wurde sein Alter ego. Und deckte ihn seither mit neuem Spielzeug ein.

Spätestens mit Beginn der neunziger Jahre taten die Bond-Macher sich erkennbar schwerer: Der Kalte Krieg war vorbei, es herrschte scheinbar Waffenstillstand. Zu Wasser, auf dem Lande, in der Luft oder im Vakuum: Jedes Fahrzeug war schon einmal zum Einsatz gekommen. Außerdem wußte jedes Kind, daß Luke Skywalkers Laserschwert einer Walther PPK klar überlegen war. Futuristische Waffen hatte man zur Genüge gesehen. Bonds Gadgets waren in Science-fiction-Filmen Alltagsgegenstände. In jedem europäischen Durchschnittshaushalt kam mehr Elektronik zum Einsatz, als in Bonds Vehikel paßte. Zudem erinnerte Bonds Ausrüstung zunehmend an den Inhalt einer Damenhandtasche – lauter zusammenhangloser Kram. Alles natürlich hochnützlich. Nur wofür?

Mit Daniel Craig wurde Bond wieder zum gestandenen Mannsbild. Kein verklemmter Pennälerhumor mehr, kein gönnerhaftes Geflirte, als könne jeden Moment Mutti zur Tür reinkommen und einen auffordern, die Zähne zu putzen. Kein Schwätzchen mehr mit Frauen namens Pussy Galore oder – noch achtmal doofer – Octopussy. Kein Witzchen mehr zum Vorspiel, kein Tätscheltätschel nach dem Akt. Dafür mußten zwei Figuren sterben. Außer der notorisch in Bond verknallten Sekretärin Miss Moneypenny – ebenso ein Relikt der fünfziger Jahre wie der von ihr hingebungsvoll gehütete Hutständer – wurde auch die Figur des Zeugwarts Q eliminiert. Zurück blieb ein rasend zorniger Mann, der zuviel trinkt, tötet, verletzt und verletzlich ist, schützt und schutzlos wirken kann. Auch wenn ihm seine HK UMP (eine Maschinenpistole aus der deutschen Waffenschmiede Heckler & Koch, die er im letzten Film wieder benutzte) ausgezeichnet steht.

Es gibt nur einen Menschen, dem Bond Rechenschaft schuldet und gegen dessen Autorität er rebelliert, indem er schon mal in seine Wohnung einbricht – seine Vorgesetzte beim MI6, genannt M. Judi Dench ist die letzte starke und stetige Bindung in seinem Leben. Sie maßregelt und korrigiert, sie versteht und führt ihn. Sie ist das, was uns Männer stärkt oder fertigmacht. Sie ist M. M wie Mutti.

Status: verschwunden. Aber nicht aus dem Gedächtnis.

Raucher Seltsame Gestalten empfingen Christoph Kolumbus, als er 1492 Amerika entdeckte, die noch seltsameren Bräuchen nachgingen. Augenzeugen berichteten von «Eingeborenen», die sich glühende Blätterröllchen in den Mund steckten und den Rauch «tranken».

Kolumbus ahnte nicht, wie schnell sich diese Sucht um den Erdball verbreiten und genauso rasch entschiedene Gegner finden würde. Gesundheitspolitische Überlegungen spielten dabei noch keine Rolle, trotzdem konnte Rauchen – zum Beispiel im Osmanischen Reich – tödlich sein. Dort ließ Murad IV. nicht nur alle Tabakhäuser abreißen, sondern auch gleich deren Besucher enthaupten. In Rußland versuchte man es im 17. Jahrhundert mit sanfteren Methoden: Rauchern wurden die Lippen aufgeschnitten und die Nasen abgerissen. Danach paffte es sich wesentlich unkomfortabler. Aber überzeugte Tabakfreunde ließen sich durch solche Unannehmlichkeiten nicht beirren. Gekaut, geschnupft oder inhaliert

– der Mensch genoß sein neues Laster auf der ganzen Welt.

Den endgültigen Durchbruch zur Volksdroge verschaffte dem Tabak die Erfindung der Zigarette. Jetzt wagten sich sogar Frauen an den Glimmstengel, was von der Tabakindustrie in den USA eifrig unterstützt wurde. British American Tobacco (BAT) organisierte 1929 unter dem Motto «Zündet eine Fackel der Freiheit an» eine Veranstaltung für die Frauenrechtsbewegung, die damit endete, daß sich einige Teilnehmerinnen samt Zigarette von Reportern auf der Fifth Avenue ablichten ließen. Die öffentliche Zurschaustellung der «lasterhaften Frau» sorgte für einen gigantischen Skandal.

In den dreißiger Jahren rauchten in Deutschland achtzig Prozent aller Männer im Schnitt täglich zwölf und zwanzig Prozent aller Frauen etwa sieben Zigaretten. Auch Hollywood verdiente sein Geld nicht nur mit Filmen: Gary Cooper, Clark Gable, Joan Crawford und Spencer Tracy erhielten Honorare von US-Tabakkonzernen, um sich mit Fluppe in der Öffentlichkeit zu zeigen. Über zweihundert Hollywoodstars standen auf den Gehaltslisten der Tabakkonzerne. Teilweise finanzierten sie ganze Filme, wenn darin genügend gequarzt wurde. 1943 gaben die sechs großen Zigarettenhersteller zehnmal soviel Geld für Radio- und Printwerbung aus wie die acht Hollywoodstudios zusammen. Die Erde wurde zu einem qualmenden Planeten. Das blieb auch in den nächsten Jahrzehnten so.

Eine entscheidende Rolle spielten dabei Werbefiguren.

Während der Marlboro-Mann genüßlich am Lagerfeuer schmauchte, stapfte der Camel-Mann mit abgelatschten Stiefeln durch den Wüstensand: «Ich geh meilenweit für Camel Filter». Das HB-Männchen «Bruno» machte die HB 1974 zu Europas meistverkaufter Zigarette. In den sechziger Jahren kannten sechsundneunzig Prozent aller Deutschen Bruno – er war bekannter als der Bundeskanzler. Die Werbefilme mit ihm liefen stets nach demselben Schema ab: In Alltagssituationen ging etwas schief, was Bruno fürchterlich aufregte. Sein unverständliches Kauderwelsch – es handelte sich um Arabisch, welches rückwärts mit doppelter Geschwindigkeit abgespielt wurde – steigerte sich immer mehr, bis er buchstäblich «in die Luft» ging. Daraufhin folgte der aus dem Off mit besänftigender Stimme gesprochene Slogan: «Halt, mein Freund! Wer wird denn gleich in die Luft gehen? Greife lieber zur HB. Dann geht alles wie von selbst.»

1936 rauchte jeder Deutsche im Schnitt 571 Zigaretten jährlich, 1975 hatte sich diese Zahl auf 2042 fast vervierfacht. Eltern rauchten im Auto, während hinten die Kinder saßen. Im Fernsehen qualmte nicht nur Bruno – beim «Internationalen Frühschoppen» mit Werner Höfer konnte man die Journalisten kaum erkennen, so dichter Rauch hing in der Luft. Beim Thema Nikotin hörte selbst in der Politik die Feindschaft auf: Die Regierung rauchte, die Opposition auch und die APO sowieso. Ganz Deutschland hing am Glimmstengel, und die Deutschen fingen immer früher damit an. Durch das Rauchen wird man erwachsen, hatte die Tabakindustrie herausgefunden. In einer Studie von Philip Morris aus dem Jahr 1969 heißt es: «Rauchen ist für den Anfänger ein symbolischer Akt. Ich bin nicht länger das Kind meiner Mutter, ich bin stark, ein Abenteurer, kein Spießer ... Wenn die Wirkung des psychologischen Symbols verblaßt, übernimmt der pharmakologische Effekt, um die Gewohnheit zu erhalten ...»

Deutschland war abhängig, hatte aber kein schlechtes Gewissen. Dabei hätte man schon 1964 wissen können, wie gesundheitsschädlich Zigaretten sind. Damals erschien in den USA der Terry-Report. Zehn Jahre danach bedauerte «Die Zeit», wie folgenlos die Studie geblieben war: «387 Seiten stark war das historische Dokument ... Einwandfrei, so die damalige Schlußfolgerung des obersten US-Mediziners, hängen Zigarettenrauchen und die Häufigkeit von Lungenkrebserkrankungen zusammen ... Lehren mußten die Raucher aus der steigenden Anzahl der Lungenkrebstoten irgendwann einmal ziehen. Aber nichts oder fast nichts ist geschehen.» Erst nachdem im Laufe der Jahrzehnte viele ihr «kleines» Laster mit dem Leben bezahlt hatten – Humphrey Bogart, Yul Brynner, Gary Cooper, Steve McQueen, John Wayne und sogar der Darsteller des Marlboro-Manns starben an typischen Raucherkrankheiten wie Speiseröhren-, Kehlkopf- oder Lungenkrebs –, änderte sich das allmählich.

Die Zeiten für Raucher sind rauher geworden. Auch der Tabakindustrie gelang es trotz großer Produktphantasie in den letzten Jahrzehnten – ob Filter, Light oder Bio – nicht, die Süchtigen an der Kippe zu halten. 2007 rauchten nur noch neunundzwanzig Prozent der Bundesbürger, mit weiter fallender Tendenz. Im Jahr darauf wurden Rauchverbote für öffentliche Gebäude und Gaststätten erlassen. Rauchen ist out und muß nun auch draußen stattfinden. Dabei könnte es für die Süchtigen noch schlimmer kommen. In den USA, genauer gesagt im kalifornischen Belmont, darf man nicht mal mehr in den eigenen vier Wänden rauchen, es sei denn, man bewohnt ein frei stehendes Einfamilienhaus!

Schon Bruno wußte, daß Rauchen tödlich enden kann. Es existiert ein unveröffentlichter Werbespot, ein Geschenk der Werbeagentur an ihren treuen Kunden. Die Handlung: Bruno steht vor einem Kalender und stellt verzweifelt fest, daß er bis zu seinem Lebensende in Werbespots für die Zigarettenindustrie mitspielen muß. Er beschließt daher, Selbstmord zu begehen. Wie jedes seiner Vorhaben gelingt ihm auch das nicht gleich: Er will sich an einem Kronleuchter erhängen, doch unter der Last des Lebensmüden reißt der Strick. Er schluckt Tabletten – und muß sich in ein Waschbecken übergeben. Auch der dritte Versuch bleibt erfolglos: Bruno stürzt sich aus dem vierten Stock, landet aber auf der Markise eines Obstladens und kommt unversehrt auf dem Trottoir zum Stehen, um dann aus Wut in die Luft zu gehen. Erst als ihm der kleine HB-König die Zigarette reicht und er einen tiefen Lungenzug nimmt, erreicht er sein Ziel. Vom Nikotin betäubt, fällt er tot um. Ein Sarg schießt ins Bild, in den Bruno hineinfällt. Aus den Ritzen dringt Zigarettenqualm, während die Stimme aus dem Off wie gewohnt verkündet: «Frohen Herzens genießen.»

Status: ausgeraucht.

Samisdat Die DDR ist Vergangenheit. Eigentlich war sie schon Vergangenheit, als es sie noch gab. Der real existierende Sozialismus hatte Autos, Häuser und Mode hervorgebracht, die den Charme des Musealen verbreiteten. Und mit der Stasi besaß man das ideale Werkzeug, um die anachronistische Idee eines Unterdrückungsstaates Wirklichkeit werden zu lassen. Selbst die offiziellen Medien – immerhin wichtiges Propagandamittel – hatten etwas Antiquiertes. Die Zensur verhinderte neue oder gar spannende Themen und Diskussionen. Wäre Karl Marx in der DDR aufgewachsen, er hätte dort nichts veröffentlichen dürfen! Frei seine Meinung zu publizieren war nicht möglich. Schon das Aufschreiben von Eindrücken und Beobachtungen und die Vervielfältigung und Weitergabe an andere konnte gefährlich sein und zur Verurteilung wegen Spionage führen. Als Strafe drohten bis zu zwölf Jahre Zuchthaus.

In den sozialistischen Bruderstaaten Polen, Ungarn, Sowjetunion und ČSSR entstanden im Schatten der Zensur Untergrundzeitschriften, die als «Samisdat» bezeichnet wurden. Der Begriff hat seinen Ursprung in der Sowjetunion. Der russische Dichter Nikolai Glaskow brachte seine Gedichte in den fünfziger Jahren in wenigen handgeschriebenen Exemplaren unters Volk. Er nannte diese Publikationsform «Samsebjaisdat» («Sichselbstverlag»), eine Parodie auf die Namen der Staatsverlage, die zum Beispiel «Goslitisdat» («Staatsverlag für Literatur»), «Detisdat» («Kinderverlag»), «Politisdat» oder «Wojenisdat» («Militärverlag») hießen. Beim Abschreiben ist man ja über jeden Buchstaben weniger dankbar – aus «Samsebjaisdat» wurde «Samisdat». Das bekannteste Werk, das auf diese Weise in der Sowjetunion erschien, war «Archipel Gulag» von Alexander Solschenizyn.

In der DDR gab es ebenfalls Samisdat-Publikationen, auch wenn die Schriftstellerin Sarah Kirsch im März 2002 in der «Frankfurter Allgemeinen Zeitung» behauptete, die Menschen dort seien zu faul gewesen, Texte abzuschreiben. Allerdings nutzte man tatsächlich lieber die wenigen Vervielfältigungsmaschinen – meist in kirchlichem Besitz –, zu denen man sich Zugang verschaffen konnte. Die Herstellung und Verteilung war schwierig, aufwendig und gefährlich, die Angst der Funktionäre vor unkontrolliert Gedrucktem und Geschriebenem groß. Trotzdem erschienen bis zum Ende der achtziger Jahre über dreißig künstlerisch-literarische Periodika mit Auflagen zwischen zwanzig und zweihundert Exemplaren und circa fünfzig Zeitschriften, die von Bürgerrechts-, Friedens-, Oppositions- und Umweltgruppen in zum Teil hohen Auflagen (bis fünftausend Exemplare) verbreitet wurden. Der «Grenzfall» war eine von ihnen. Darin erschien 1987 eine Abrechnung mit dem offiziösen Journalismus: «Nach unseren Erfahrungen kranken die Medien der DDR von jeher an: ausführliche Protokollberichte … ohne jeden Informationsgehalt, nebulöse Kommentierung statt Sachinformationen, Manipulierung und Ignoranz gegenüber relevanten und brisanten Konflikten, Existenz von Tabuthemen, die in anderen Ländern längst keine mehr darstellen, weiße Flecken in der Berichterstattung, Diffamierung statt sachlicher Publikation, Reservierung von ständigen Rubriken in allen Bereichen für politische Stammkader, sprachliche Unkultur.»

Der «Grenzfall» ist anfangs in einer Auflage von fünfzig Exemplaren produziert worden, und zwar in der ↗Dunkelkammer: Die einzelnen Seiten wurden auf Fotopapier abgezogen. An Matrizen war in der DDR kaum heranzukommen, Druckfarbe und Papier wurden ebenfalls häufig aus dem Westen eingeschmuggelt. Einer der damaligen Samisdanten erinnert sich: «Nach dem Drukken wurden die Papierstapel in der richtigen Reihenfolge hintereinander aufgebaut, und indem man, von jedem Stapel das oberste Blatt abnehmend, die Reihe abschritt, begann das ‹Legen›. Das konnte eine äußerst nervende Beschäftigung sein, wenn man, sich gegenseitig behindernd, Waschfrauenfinger leckend, die Zunge trocken legte und die Rückenmuskulatur oft über Stunden einseitig strapazierte. Das ‹Legen› war der übelste aller für die Herstellung von Infoblättern notwendigen Arbeitsgänge. Aber ich erinnere mich auch, aus der Not eine Tugend machend, an regelrechte ‹Legepartys›, bei denen wir wie Verrückte um einen großen Tisch wetzten und die Drehungen im Kopf mit Wein zurückzuschrauben versuchten.»

Wenig später waren auch die DDR-Bürger es leid, ständig im Kreis zu laufen. Sie gingen auf die Straße, die Mauer fiel, und die DDR wurde Geschichte. Die Samisdat-Publikationen hatten ihren Anteil an der friedlichen Revolution. Noch immer weiß niemand genau, wie viele davon es in der DDR gegeben hat. Verschiedene Institutionen bemühen sich inzwischen, die Hefte zu archivieren und wissenschaftlich auszuwerten. Das ist auch ein Kampf gegen die Zeit. Aufgrund der teilweise schlechten Papier- und Druckqualität werden die älteren Hefte bereits unleserlich.

Status: verblichen.

Schrankwand In ganz Europa sind sie zu finden. Bunker, die Krieg und Frieden trotzten, weil sie aus meterdicken, für die Ewigkeit gegossenen Stahlbetonwänden bestehen. Wie in der Pallasstraße in Berlin-Schöneberg, wo ein solcher Koloß bis auf weiteres Artenschutz genießt, da für seine Beseitigung unverhältnismäßig große Mittel einzusetzen wären. Ähnlich ergeht es da manchem mit dem einen oder anderen Möbelstück. So schreibt Heidi im Internetforum «Selbst ist der Mann»: «Hallo, ich brauche dringend Eure Hilfe. Ich habe in meinem neuen Wohnzimmer einen Einbauschrank in Eiche rustikal und finde das abgrundtiefst häßlich. Die Schranktüren sind nicht glatt, sondern mit so Kassetten. Soll anscheinend mal 40 000 DM gekostet haben und ist insgesamt ca. 8–9 Meter lang.

Ist es denn möglich, daß ich die Türen glatt machen lasse (weiß glänzend z. B.) und das eingebaute Teil, also die sichtbaren Teile vom eingebauten Schrank, zum Beispiel mit Nußbaum furnieren lasse? Wie teuer ist denn

Teilansicht der Berliner Mauer, vom Westen aus gesehen. Schrankwand, siebziger Jahre.

so was überhaupt, oder kann man das selber machen? Oder hat jemand sonst eine gute Idee, was man mit so einem Schrank machen kann, daß er anders aussieht? Es soll praktisch aus einem total veralteten Schrank ein modernes Möbelstück werden.

Bin für jeden Vorschlag dankbar. Ich kann auch gerne ein Bild per Mail schicken.

lg heidi»

Die Schrankwand war für die Deutschen jahrzehntelang der Inbegriff behaglicher Wohnkultur. Je mächtiger sie sich vor der Wohnzimmerwand aufbaute, desto sicherer fühlte man sich vor den Gefahren, die draußen lauerten. In keinem kleinbürgerlichen Haushalt fehlte das Möbelstück im Stil des Gelsenkirchener Barock. Der hatte in den dreißiger Jahren seinen unaufhaltsamen Siegeszug durch die deutschen Wohnzimmer angetreten. Das Erfolgsrezept bestand darin, barocke Formen des 17. und 18. Jahrhunderts in billig herstellbaren Möbeln nachzuahmen, die sich ärmere Bevölkerungsschichten leisten konnten. Da es im Ruhrpott nicht nur viele Käufer, sondern auch Möbelproduzenten gab, entstand die Bezeichnung «Gelsenkirchener Barock». Die Möbel waren für die kleinen Arbeiterwohnungen zwar viel zu groß, aber dadurch sahen sie natürlich noch imposanter aus.

Nach dem Krieg erlebte dieses Möbelverbrechen dann seine eigentliche Blütezeit. Dazu paßte der obligatorische «röhrende Hirsch» als Gemälde an der Wand und als Beleuchtung eine Lampe in einer geschmacksfreien Interpretation des Tiffany-Stils. Edlere Ausführungen warteten mit einem Barfach auf, in dem Schnapsflaschen und Gläser untergebracht werden konnten.

Wann immer man glaubte, es könnte eng werden für die massive Schrankwand, fand diese eine neue Form. In den siebziger Jahren schlüpfte sie von der barocken Verpackung in eine kantige sachliche Hülle. Das Modell aus der DDR nannte sich «Leipzig 3-1». Ein Schrankwandmodul, das als «vor die Wand gestellter Stauraum» exakt für die Plattenbauwohnungen der Typen «P2» und «WBS 70» konzipiert wurde. So sah «Leipzig 3-1» dann auch aus.

Mittlerweile erleben die Möbelungetüme eine Renaissance als schickes Einrichtungsaccessoire in kultigen Berliner Szenekneipen. Aus privaten Räumen allerdings sind sie fast vertrieben. So meint Peter Zec, Leiter des NRW-Designzentrums in Essen: «Vor vierzig Jahren bestand ein Wohnzimmer aus einem Sofa, zwei Sesseln und einer Schrankwand. In dieser Hinsicht hat sich viel geändert, gerade bei jungen Leuten. Der Gelsenkirchener Barock ist nur noch eine historische Größe.» Was einst für Schutz und Verläßlichkeit stand, wird heute eher als einengend empfunden. Mittlerweile nehmen Sozialorganisationen, die für Bedürftige alte Möbel sammeln, klobige Gelsenkirchener-Barock-Möbel nicht mehr an. Aber es gibt immer noch Anhänger dieser historischen Fehlentwicklung und sogar Unternehmen, die damit Geld verdienen wollen. Die amerikanische Firma «Frontgate» läßt die Geister der Vergangenheit zurückkehren. Für siebentausend Dollar bietet sie unter der Bezeichnung «Reversible Media Center» eine gigantische Schrankwand mit Barockanleihen in dunklem Holz an. Und das ist noch nicht alles: Ein Teil des inneren Regalsystems läßt sich komplett drehen, so daß die Bücher verschwinden und ein 42-Zoll-Flachbildschirm erscheint. Auweia!

Status: Und tschüs!

Schreibmaschine Sophokles hatte keine, Ovid auch nicht, trotzdem gelang es beiden, literarischen Weltruhm zu erlangen. Als es sie noch nicht gab, war sie fast unvorstellbar, als es sie gab, war es unvorstellbar, daß es sie einmal nicht mehr geben könnte, und jetzt, da sie so gut wie weg ist, ist es fast unvorstellbar, daß man so einmal geschrieben hat.

Die erste gebaute Schreibmaschine stammt von einem Italiener. Pellegrino Turri konstruierte das Gerät 1808 für seine Geliebte, eine erblindete Gräfin. Da sie und Turri häufig getrennt waren, wollte er ihr die Möglichkeit schaffen, ihm Liebesbriefe zu schreiben. Doch es dauerte noch einige Zeit, bis daraus ein Massenprodukt wurde. Der Medienarchäologe Friedrich Kittler hat darauf hingewiesen, daß die erste in größerer Stückzahl hergestellte Schreibmaschine 1874 vom US-Waffenproduzenten Remington kam. Kittler sieht deshalb in dem Arbeitsgerät ein «Diskursmaschinengewehr».

Und wie eine Waffe setzte ein anderer Italiener die Schreibmaschine denn auch ein: Bernardo Provenzano, der letzte Pate der sizilianischen Mafia. Dreiundvierzig Jahre lang versteckte er sich vor der Polizei. Und dreiundvierzig Jahre lang begleitete ihn dabei eine Olivetti Lettera 32. Aus Sicherheitsgründen mied der Pate Handy, Fax und Internet. Er kommunizierte ausschließlich über Anweisungen, die er, nachdem er sie auf seiner Schreibmaschine getippt hatte, in tote Briefkästen verteilen ließ. Dabei fügte Provenzano seinen Mitteilungen, unter denen sich auch Mordaufträge befanden, allerlei Bibelzitate hinzu und wählte im Umgang mit seinen Handlangern einen außerordentlich höflichen Ton:

«Mein Lieber, möge Dich diese Nachricht in bester Gesundheit antreffen. Wie ich Dir versichern kann, geht es mir gut ... Entschuldige, wenn ich Dich mit dieser Bitte belästige, aber wie Du weißt, versuche ich nur zu Diensten zu sein.» Am 11. April 2006 wurde der letzte Pate verhaftet, fünfzig Morde werden ihm vorgeworfen, seine Olivetti durfte er mit ins Gefängnis nehmen.

Bereits dreißig Jahre zuvor, im Jahr 1976, wurde in den USA das Ende des Schreibmaschinenzeitalters eingeläutet. Steve Wozniak, der legendäre Mitbegründer des Apple-Konzerns, erfand den Apple I, dessen Nachfolgemodell im Jahr darauf als der erste industriell gefertigte PC in Serie ging. Mit bis heute weitreichenden Folgen.

Vierundvierzigtausend Schreibmaschinen werden pro Jahr noch in Deutschland abgesetzt und gleichzeitig rund acht Millionen Computer. Die Schreibmaschine verschwindet. Es gibt einige wenige, die sich nicht trennen können. Der Berliner Szenefotograf Jim Rakete schreibt ausschließlich auf einer mechanischen Schreibmaschine. Literaturnobelpreisträger Günter Grass besitzt vier Stück. In einem Gedicht schrieb er: «Meine alte Olivetti ist Zeuge, wie ich fleißig lüge und von Fassung zu Fassung der Wahrheit um einen Tippfehler näher bin.»

Günter Grass war Kunde von Dietrich Tietz, Schreibmaschinenmechaniker in Berlin-Friedenau. Tietz verkaufte Schreibmaschinen und reparierte sie. Neben Grass gehörten Wolfdietrich Schnurre, Uwe Johnson und Erich Kästner zu seinen Kunden. Der Berliner «Tagesspiegel» schrieb im März 2008 unter der Überschrift «Letterman» über das Geschäft von Dietrich Tietz. 1938 wurde es von Otto und Emmy Breitkreuz eröffnet. Nach dem Zweiten Weltkrieg hatten die beiden zeitweise fünfzehn Mitarbeiter. In den Ruinen suchten sie nach Schreibmaschinen, reparierten und verkauften sie. Dietrich Tietz kam später dazu und übernahm das Geschäft. Er war überzeugt davon, daß Günter Grass «Die Blechtrommel» mit einer bei ihm gekauften Maschine geschrieben hat. An die taubenblaue Olivetti konnte er sich gut erinnern, an den Schriftsteller kaum.

Tietz stand jeden Tag vier Stunden in seinem Laden. An guten Tagen verkaufte er eine oder zwei Maschinen, das reichte zum Leben für den Dreiundsiebzigjährigen. Einen Tag nach dem Erscheinen des Artikels blieb der Laden geschlossen – für immer. Schreibmaschinenmechaniker Dietrich Tietz ist gestorben, einer der letzten seiner Zunft.

Auch der Schreibmaschine geben Experten nur noch wenige Jahre.

Status: bedroht.

Senioren Es ist schon absurd. Da leben wir alle immer länger, aber trotzdem werden wir nicht mehr alt. Die neuen Alten heißen nicht mehr Senioren, sondern «Best Ager» oder «Generation 50 plus». Sie treiben Extremsport, schlafen in Plastikoveralls, ernähren sich makrobiotisch, und Falten werden mit Botox weggespritzt. Altersflekken und -weitsichtigkeit können weggelasert werden. Es gibt die Möglichkeit einer Hautstraffung, nachdem einem vorher das Fett abgesaugt wurde. Haare werden gefärbt, verpflanzt oder, wenn nötig, erst verpflanzt und dann gefärbt. In Zukunft wird nur noch alt, wer es sich nicht leisten kann, jung auszusehen.

Jahrtausendelang galt Altern als normaler Prozeß. Die Natur hatte es so eingerichtet: Nach Kindheit, Jugend und Erwachsenenzeit kommt das Alter. Nichts, wofür man sich zu schämen bräuchte. Im Gegenteil, in vielen Kulturen wurden die Alten als weise verehrt. Sie wurden um Rat gefragt und trafen wichtige Entscheidungen für die Gemeinschaft. Konrad Adenauer war dreiundsiebzig, als er Bundeskanzler wurde, und die Erfahrung war ihm anzusehen, ja, sie hatte ihn für viele Wähler überhaupt erst attraktiv erscheinen lassen. Nach Feierabend züchtete er Rosen oder spielte Boccia, eine durchaus altersgemäße Freizeitbeschäftigung. Es wäre völlig unvorstellbar gewesen, ihn, der den Spitznamen «der Alte» trug, als «Best Ager» zu bezeichnen.

Ein Dreiundsiebzigjähriger, der aussieht wie ein Dreiundsiebzigjähriger, hätte heute keine Chance mehr, Bundeskanzler zu werden. Das Leben ist ausgefüllt mit dem Anti-Aging-Kampf. Selbst die Stimme muß jung bleiben, meint das Internetportal mensvita.de: «Hier ein besonderer Anti-Aging-Tip: Singen! Gerade wir Männer singen doch mal gerne und trällern unsere Lieblingshits, manchmal lautstark und auch nicht immer schön unter der Dusche oder im Auto. Jetzt stellt sich heraus, daß es ideales Anti-Aging-Trainingsprogramm ist, denn wer viel singt, kann verhindern, daß die Stimme im Alter schwach und dünn klingt!» Eine schwache Stimme könnte ja dafür sorgen, daß junge Frauen sich nicht für den Best Ager interessieren. Dabei ist (laut mensvita) die Verbindung junge Frau – älterer Mann biologisch betrachtet deshalb so beliebt, weil potentieller Nachwuchs «von dem Konglomerat aus körperlicher Frische, Lebenserfahrung und Erbmasse» profitiert. Und auch gegen die Tatsache, daß sich das Alter riechen läßt, kann man etwas unternehmen, wie wir aus der «Bild»-Zeitung lernen: «Der Duft von rosa Grapefruits macht sechs Jahre jünger – das fand der amerikanische Geruchsforscher Alan Hirsch in einer Studie heraus. Halten Sie also Ausschau nach Pflegeprodukten mit Grapefruit.»

Im Jahr 2050 wird die Lebenserwartung von Frauen bei achtundachtzig Jahren, die von Männern bei dreiundachtzig Jahren liegen. Mehr als vierundzwanzig Millionen Deutsche werden älter sein als fünfundsechzig, zehn Millionen sogar über achtzig. Wir werden jünger wirken als die heutigen Fünfzigjährigen. Wir sehen besser, sind im Kopf schneller, körperlich topfit und wesentlich häufiger operiert, wir trällern unter der Dusche und riechen nach Grapefruit. Mit anderen Worten, 2050 werden unglaublich viele Junggebliebene auf den Friedhöfen liegen.

Status: im Ruhestand.

Sexbombe Männer sind in bestimmten Regionen des Gehirns sehr einfach verdrahtet. Sie wissen um diese Schwäche, können aber wenig dagegen tun. In einem dieser Gehirne muß irgendwann im letzten Jahrhundert, wahrscheinlich infolge eines durch sexuelle Überreizung ausgelösten neuronalen Kurzschlusses zwischen den prähistorischen Arealen und dem Sprachzentrum, der Begriff «Sexbombe» entstanden sein. Klare Definitionen und Abgrenzungen sind schwer zu finden. Eins jedoch ist sicher, es gibt nur weibliche Sexbomben, auch wenn eine französische Filmkomödie von 1964 etwas anderes behauptet: «Ich war eine männliche Sexbombe.»

Zu vernachlässigen ist ferner der militärische Aspekt.

Angeblich schlugen amerikanische Wissenschaftler des Wright Laboratorys 1994 den US-Militärs verschiedene nichttödliche Chemiewaffen vor, darunter die «Sex Bomb»: Eine bestimmte Chemikalie sollte die gegnerischen Soldaten in libidinöse Ekstase versetzen und sie zu sexuellen, orgiastischen Handlungen reizen, auch untereinander; anschließend wären sie leicht zu überwältigen gewesen.

Die «Sex Bomb» wurde nie gebaut. Es gab allerdings Sexbomben, die auf Soldaten wie auf Nichtmilitärs sehr anregend wirkten. Die anregendste von ihnen hieß Marilyn Monroe. Wohl keine andere Frau wurde so häufig als «Sexbombe» bezeichnet wie sie. Obwohl sie das später schwer belastete, tat sie am Anfang ihrer Karriere alles, um als solche wahrgenommen zu werden: Bis zu sechs Stunden investierte sie in ihr Make-up; in manche Kleider wurde sie eingenäht, um Busen und Po optimal zu präsentieren. Und in Korea hängte sie sich für die Soldaten sogar kopfüber aus dem Helikopter.

Der Anblick, den sie mit ihrem der Schwerkraft auf so ungewöhnliche Weise ausgesetzten Prachtkörper bot, war wohl atemberaubend und für den Piloten, der sie von oben sah, für immer unvergeßlich. Marilyn Monroe war aber nicht die erste Sexbombe: Jahre vor ihr hatten Mae West oder Jean Harlow das gleiche Image. Sie versteckten ihre prallen – aus heutiger Sicht teilweise schon drallen – Körperrundungen nicht, sondern zeigten sie. Anita Ekberg, unsterblich geworden durch Fellinis Film «La dolce vita», bescherte allein schon aufgrund ihrer unglaublichen Oberweite vielen Jungs unruhige Nächte. Damals hatte die Gesellschaft kaum begonnen, Sexualität zu entdecken und offen zu zeigen. Viele Tabus und biedere Moralvorstellungen bestanden unverändert fort, an die sich auch Sexbomben zu halten hatten. Sie mußten auf dem schmalen Grat zwischen gesellschaftlicher Hoch- und Verachtung balancieren. Marilyn Monroe gelang es dabei, sämtliche Gesellschaftsschichten zu erotisieren: Die Sexbombe, deren Fotos sich Lkw-Fahrer nachts auf der einsamen Pritsche anschauten, heiratete Arthur Miller und hatte eine Affäre mit dem Präsidenten der Vereinigten Staaten.

In Billy Wilders Komödie «Das verflixte 7. Jahr» von 1955 spielt sie die «naive», verführerische Nachbarin, die einen Familienvater im sommerheißen New York fast um den Verstand bringt. Eine Szene aus diesem Film ist bis in unsere Tage legendär: Marilyn Monroe steht mit hochgewirbeltem Rock über einem Abluftschacht der U-Bahn. Und neunundneunzig Prozent aller Männer fragen sich bis heute: «Hat sie ein Höschen an?» Sharon Stone jedenfalls trägt im Film «Basic Instinct» keins, wie sie beim Übereinanderschlagen ihrer Beine eindrucksvoll zeigt, und wurde so zumindest für ein paar Monate zur Sexikone.

Die Filmkritiken von damals zeugen von Monroes sexueller Sprengkraft. So schrieb die «New York Times»: «Von dem Moment an, in dem sie – in einem Kleid, das ihren wohlgeformten Körper umhüllt, als habe man sie kunstvoll hineingegossen – die Szene betritt, suggeriert der berühmte Filmstar mit dem silberblonden Haar und den unschuldigen großen Augen nur eines. Und diese Suggestion beherrscht so ziemlich den ganzen Film. Es ist – nun, warum es formulieren?»

Genau, warum es formulieren? Zum Mythos der Sexbombe gehörte das Geheimnis: sich nackt zu zeigen, ohne sich je auszuziehen. Ihre ganze Sprengkraft entfaltete sich erst in der Phantasie. Gerade deshalb flogen die sexuellen Bombensplitter tief ins Reich der Träume.

Das Phänomen «Sexbombe» war der sexuellen Unfreiheit einer verklemmten Gesellschaft geschuldet. Einer Unfreiheit, die glücklicherweise nach etlichen sexuellen Revolutionen heutzutage nicht mehr existiert. Gleichzeitig nimmt die Wirklichkeit, die tägliche Portion nackte Haut am Kiosk und im Internet, jener Phantasie den Raum. So wurde die Sexbombe zum Rohrkrepierer.

Status: entschärft.

Slime Es sah aus, als hätte man die Körper von Aliens aufgeschnitten und sie dann püriert. Es roch auch so. Ganze Kinderzimmer waren 1976 mit dem Scherzartikel Slime gefüllt. Die amerikanische Firma Mattel (bekannt für sinnloses Kinderspielzeug und einen martialischen Gongschlag im Werbefernsehen, mit dem die Präsentation neuer Produkte angekündigt wurde) übertraf sich mit dieser Erfindung selbst. Slime führte zu nichts, war eklig und unbrauchbar, und gerade deshalb kam es bei Kindern so gut an, daß es zeitweise ausverkauft war.

Slime mußte in der mitgelieferten kleinen Tonne aufbewahrt werden, damit es nicht austrocknete. Wenn man es herausnahm, faßte es sich wie kalter, glibberiger Schleim an, der in der Hand ein schmatzendes Geräusch erzeugte. Es war eine giftgrüne, zähflüssige Masse, die einen penetranten künstlichen Geruch verströmte. Noch Stunden später rochen Haut und Finger nach Slime.

Es kursierten damals viele Theorien über die Herstellungsweise. Angeblich hatten Chemiker versucht, einen neuen Industrieklebstoff zu entwickeln, und aus den Überresten des gescheiterten Experiments habe die Marketingabteilung von Mattel ein Kinderspielzeug gemacht. Oder noch schlimmer: Slime sei aufbereiteter Sondermüll, deshalb werde es auch in den kleinen Mülltonnen verkauft. Die slimeabhängigen Kinder kümmerten solche Theorien wenig. Sie trafen sich jeden Nachmittag, um Möglichkeiten des Substanzmißbrauchs zu erkunden. Wer traute sich, seine Nase in Slime zu versenken? Wer konnte die längste Schleimwurst ziehen? Ließen sich getrennte Slimehaufen miteinander verbinden? Was passierte, wenn man ein brennendes Streichholz hineinhielt? Konnte man Slime an die Wand nageln? Et cetera ... Eltern hatten naturgemäß ein distanzierteres Verhältnis zu Slime. Es gab tatsächlich Väter, die ihren Kindern schon nach dem Kauf von zehn Tonnen Slime das Taschengeld sperrten.

Schon bald begann der Schleim jedoch am Spielzeughimmel zu vertrocknen. Selbst Slime mit Würmern und Maden konnte daran nichts ändern. Auch nicht der Film «Ghostbusters II», in dem 1989 noch mal hundertfünfzigtausend Liter Slime zum Einsatz kamen. Zwar kann man Slime – dank Internetanleitung der Uni Bayreuth – mittlerweile selbst herstellen (man benötigt lediglich destilliertes Wasser, Borax, Polyvinylalkohol und Lebensmittelfarbstoff), und es gibt eine Vielzahl von Slime-Derivaten zu kaufen: Slime mit Augen, bunter Slime, Gespenster-Slime, Ölpest-Slime, sogar Sex-Slime für Erwachsene; einen Höhepunkt des Ekels produzierten die Japaner mit «Biri Biri Kaze Hiki Wanko» (schockierend kranker Hund): Einem Plastikhund läuft ständig Slime mit Plastikbazillen aus der Schnauze, und die Mitspieler müssen versuchen, mit einer mitgelieferten Pinzette möglichst viele davon aus dem Schleim zu fischen. Aber so erfolgreich wie Mitte der Siebziger wird das Zeug wohl nie wieder werden. Auch nicht seine Weiterentwicklung, die seit ein paar Jahren sogar einen wirklichen Daseinszweck gefunden hat: Cyber Clean ist eine gelbe Glibbermasse, die stark nach Zitrone riecht, aber das typische Slime-Feeling hat. Man kann damit angeblich Computertastaturen reinigen. Cyber Clean wird natürlich in einer kleinen Tonne angeboten.

Status: ausgeschleimt.

Stopfpilz Jede vierte, wenn nicht jede dritte Tierart auf der Erde ist vom Aussterben bedroht (↗Pillhuhn). Auch niedrigere Existenzformen brauchen unseren Schutz: zum Beispiel der Pilz des Jahres 2008, der Bronzeröhrling, der kaum von einem fetten, verkaterten Giftzwerg mit Schlapphut zu unterscheiden und schon deshalb schwer zu finden ist.

Im Trockenbiotop des Nähkästchens finden sich heute ebenfalls nur noch Schwundstufen der einstigen Zwirn- und Garnvielfalt. Aus Hotelzimmern zusammengeklaubte einzelne Fädchen verknäulen sich da; um Pappe gewickelte oder in winzige Plastikschächtelchen gezwängte Erste-Hilfe-Sets, damit der Reisende hin und wieder einen Kopf annähen kann. Macht der Reisende aber nicht. Und Socken stopfen erst recht nicht. Nicht auf Reisen, nicht zu Hause.

Was Löcher hat oder durchgelatscht ist, wird weggeworfen. Es sei denn, man gehört Amerikas führendem konservativem Think-tank an, war Weltbankpräsident und mußte wegen Günstlingswirtschaft zurücktreten: Da kann man dann auch schon mal in einer türkischen Moschee die Schuhe ausziehen und sich bis auf die Knochen blamieren, weil zwei dicke Zehen herauslugen. So geschehen 2007. Paul Wolfowitz und wir sind eben vollkommen dem kapitalistischen Diktat des Neukaufs unterworfen.

Unsere Großmütter bedienten sich noch des Stopfpilzes, wenn es um Lochbekämpfung und -prophylaxe ging. Man schob den Kopf des Pilzes unter das zerschlissene Gewebe, und dann wurde gestopft und genäht, was das Zeug hielt. Die meisten Pilze hatten ein rostrotes, manchmal weiß gesprenkeltes Häubchen und waren dick mit Klarlack überzogen.

Der Stopfpilz regte immer wieder die Phantasie an. Was zum Beispiel trieb den späteren Bundeskanzler Konrad Adenauer, 1938 ein elektrisches, von innen leuchtendes Stopfei zu erfinden? War es die Tatsache, daß AEG bereits ein pilzförmiges Stopflicht produzierte? Ein akuter Mangel an formschönen Glimmlichtlampen? Die Vorahnung, daß ergonomisch geformte elektrische Gerätschaften sich bald in jeder zweiten Nachttischschublade tummeln würden? Adenauer, der Erfinder der fleischarmen Sojawurst mit «Friedensgeschmack» – für die er kurz vor Ende des Ersten Weltkriegs vom englischen König Georg V. das Patentrecht erhielt –, war ganz offenbar ein Freund des Nützlichen. Er entwickelte das Rheinische Schrotbrot auf Maisbasis, eine «Vorrichtung zur Verhinderung von Zugluft in mit geöffnetem Fenster fahrenden Autos» sowie eine «Blendschutzbrille für Autofahrer und Fußgänger». Als junger Mann hoffte Adenauer auf einen einträglichen Verkauf seiner Erfindungen. Der blieb Gott sei dank aus. Seine Elektrobürste zum Beispiel, die Insekten in Obstbäumen einen tödlichen Schlag versetzen sollte, hätte auch Baum und Besitzer elektrisiert – mehr als diesem lieb gewesen wäre. Auch besagtes Leuchtei, das Licht in die dunkle Sockenwelt bringen sollte, ist nie in Serie gegangen. Adenauer verdiente sich seine Sporen als Politiker.

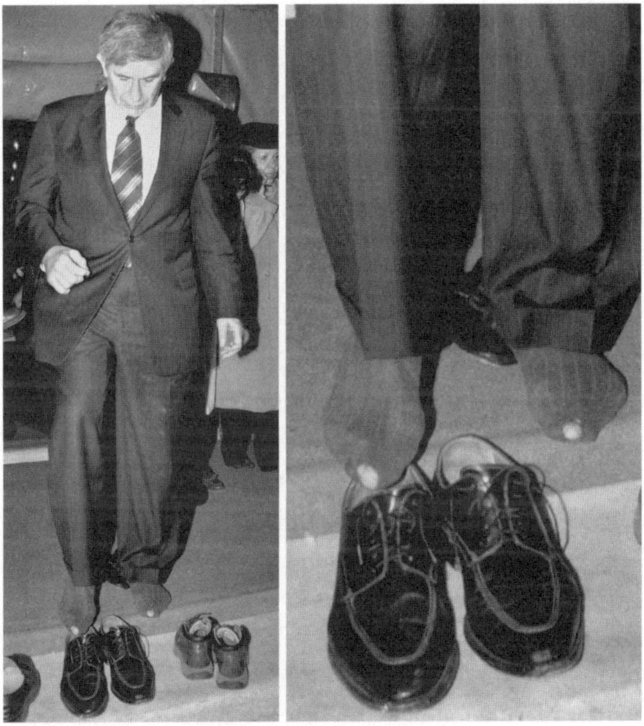

Zwei amerikanische Sicherheitslöcher entdeckt! Paul Wolfowitz 2007.

Als die DDR sich anschickte, ihre Bürger mit der nun als sozialistische Errungenschaft gepriesenen elektrischen Variante des Stopfpilzes zu behelligen, half auch die beste Planwirtschaft nichts mehr: Keiner wollte das Teil haben. Und in Zeiten, da man sechs Paar weiße Socken für 5,95 Euro und weniger kaufen kann, wurde der Holzpilz erst recht zum Nostalgikum.

Denkt man an Stopfpilze, denkt man zugleich an Schaukelstühle, Ofenheizung, Bratäpfel und Einweckgläser. Man seufzt. Man fährt den Rechner hoch. Man schaut im Internet nach dem Preis für einen alten Stopfpilz. Rund fünfzehn Euro. Das ist es nicht wert, so ein nutzloses Ding. Liegt ja doch nur rum.

Status: verstopft.

Taschenrechner Wer kann heute noch richtig gut im Kopf rechnen oder Wurzeln ziehen? Die wenigsten. Eine Entwicklung, die viele besorgte Lehrer nach der zunehmenden Verbreitung des Taschenrechners in den Siebzigern befürchtet hatten. Ein ohnehin geteiltes Volk, das nicht einmal die Bruchrechnung beherrsche, müsse unvermeidlich in totaler Verblödung untergehen, rechneten diverse Pädagogen und Mathematiker den Kultusministern damals vor. Dabei war die Gefahr ganz unauffällig heraufgezogen: Ende der fünfziger Jahre hatte der Ingenieur Jack Kilby bei Texas Instruments den ersten Mikrochip entwickelt, 1967 folgte der erste Prototyp eines Taschenrechners. Noch groß und schwer wie ein Wörterbuch, beherrschte er die vier Grundrechenarten und konnte das Ergebnis auf einem Papierstreifen ausdrucken.

Was heute antiquiert klingt, war damals ein technologischer Quantensprung. Noch beherrschten nämlich riesige rechnende Dinosaurier die Erde. Maschinen mit gleicher Rechenleistung wogen leicht bis zu fünfundzwanzig Kilo und waren fast so groß wie Kühlschränke. Trotzdem zeigten sich die Manager bei Texas Instruments skeptisch. Einen Massenmarkt für Taschenrechner konnte sich niemand vorstellen. 1970 wagte man das Experiment und schickte zusammen mit der japanischen Firma Canon den ersten Taschenrechner an den Start. Der «Pocketronic», der in Deutschland zweitausend Mark kostete, veränderte die Welt. Der Weg ins digitale Zeitalter war eingeschlagen. Die Menschheit war begeistert, und der wirtschaftliche Erfolg führte zu einer weiteren technologischen Entwicklung, die den immer kleiner werdenden Rechnern immer größere Funktionsmöglichkeiten bescherte. Die Preise purzelten. Weihnachten 1972 war das Fest der Taschenrechner. In den Wochen zuvor fanden sich die kleinen Rechner nicht nur im Fachhandel, sondern auch in den Warenhäusern und Radioläden. Ein Jahr später wurden in Deutschland bereits über eine Million Taschenrechner verkauft. 1974 waren es dann 1,5 Millionen. «Das US-Wirtschaftsmagazin ‹Business Week› bezeichnet die Westentaschenrechner als ‹heißeste Sache für den Einzelhandel seit dem Hula-Hoop-Reifen›», berichtete «Die Zeit». Man hatte die Wahl zwischen den einfachen Modellen von Quelle oder Neckermann für etwa sechzig Mark und Spitzengeräten wie dem HP-80, für den man tausendfünfhundert Mark hinlegen mußte – ein Statussymbol, das Begehrlichkeiten weckte. Heranwachsende träumten von ihren ersten zärtlichen Erfahrungen mit dem eigenen Rechner.

Die programmierbaren Modelle übten in den folgenden Jahren eine besondere Faszination auf manchen Schüler aus. So wurden Programme entwickelt, die es ermöglichten, den Taschenrechner als Spielekonsole zu mißbrauchen. 1976 erschien ein Buch mit dem Titel «Spiel und Spaß mit dem Taschenrechner»; die darin enthaltenen sechzig Spielanleitungen reichten vom «Kreis-Halma» über «Poker» bis hin zum «Mini-Roulette».

Aufgeschreckt durch die technologischen Entwicklungen im Westen, wünschte auch die DDR-Führung ein Taschenrechnerwunder im eigenen Staat. Getreu der Ulbricht-Maxime «Den Westen überholen, ohne ihn einzuholen» mußte die Taschenrechnerentwicklung vorangetrieben werden, um den DDR-Bürger für den real existierenden Sozialismus berechenbarer zu machen. Ab Mitte der Siebziger stellte der «VEB Mikroelektronik Wilhelm Pieck Mühlhausen» Taschenrechner im Sechziger-Jahre-Design her, deren Netzgeräte aus Bakelit waren. Die Einfuhr von Rechnern aus dem Westen war zwar erlaubt, aber es fielen erhebliche Zollgebühren an. Wer allerdings zu den wenigen Auserwählten gehörte, die einen «Minirex» aus Mühlhausen ihr eigen nennen konnten, war in gewisser Weise schon kapitalistisch infiltriert: Das Herz des DDR-Rechners, der Mikrochip, stammte aus dem Westen – von Texas Instruments! Dort werden bis heute Taschenrechner produziert, obwohl sie mittlerweile weniger als fünf Prozent des Gesamtumsatzes ausmachen. Die Taschenrechnerproduktion ist eher ein Teil der Imagepflege.

1999 wurden in Deutschland laut dem Marktforschungsunternehmen GfK etwa 4,4 Millionen Taschenrechner verkauft – Gesamtwert: 93,7 Millionen Euro. 2006 gingen nur noch 3,4 Millionen Geräte weg – Gesamtwert: 66 Millionen Euro. In Konkurrenz zu Multifunktionsgeräten wie dem Handy wird die Luft dünn für den Taschenrechner. Längst besitzt jedes Mobiltelefon eine Taschenrechnerfunktion. Aber mit welchem Taschenrechner kann man schon telefonieren?

Status: Wurzel gezogen.

Telefonzelle Für Vandalen brechen schwere Zeiten an. War es in den achtziger Jahren noch überhaupt kein Problem, eine Telefonzelle zu finden, um sie zu verwüsten, wird das nun immer schwieriger. Auch der klassische anonyme Anruf aus dem öffentlichen Münzfernsprecher wird langsam unmöglich. Die kleinen gelben Zellen sterben aus.

Es war der 12. Januar 1881, als in Berlin der erste «Fernsprechkiosk» aufgestellt wurde. Daß es eine Verbindung zwischen Priestertum und Zelle geben könnte, ist nachvollziehbar, schließlich hatten die Fernsprechhäuschen – deren frühe Modelle mitunter an Beichtstühle erinnerten – stets eine sakrale Aura. Telefonzellen rochen zwar nicht nach Weihrauch, sondern nur nach profanem Zigarettendunst, aber in ihnen lag das Buch der Bücher:

das Telefonbuch. Wenn man erst einmal telefonierte, dabei lässig an der Scheibe lehnte, vergaß man schnell die alltäglichen Probleme des Diesseits. Bis jemand von außen genervt an die Tür klopfte. «Fasse dich kurz!» stand noch in den siebziger Jahren an den Zellen, denn Ortsgespräche konnten unbefristet geführt werden, es gab noch keinen Zeittakt. «Deutschland quatscht sich leer», der Slogan von T-Mobile im Jahr 2008, hätte damals wohl zu bürgerkriegsähnlichen Zuständen geführt. Das «Fasse-dich-kurz!»-Schild hing übrigens auch in den Telefonzellen der DDR. Das lag sicher nicht zuletzt daran, daß man Tonbandmaterial zum Mitschneiden der Gespräche sparen wollte.

Als der Ausbau der Festnetzanschlüsse im Westen weit fortgeschritten war, verschwanden die Schilder, nun wurde fürs Telefonieren geworben: «Ruf doch mal an!» Das war häufig gar nicht so leicht, denn viele der Münzfernsprecher litten unter Kleingeldunverträglichkeit: Sie schluckten Münzen erst nach einem aufwendigen Schleifprozeß, bei dem man diese am Gehäuse rieb, bevor sie nochmals eingeworfen werden konnten. Einen plausiblen Grund, warum es dann funktionierte, sucht man bis heute vergeblich.

Der Tod ruft nicht an, und so wurde die Telefonzelle vom eigenen Sterben überrascht. Obwohl nach der Wiedervereinigung ihre Zahl noch einmal sprunghaft stieg – von 120 000 auf 165 000 –, läutete der Killer mit Klingelton in den letzten Jahren ihr unvermeidliches Ende ein: Das private Handy machte die öffentlichen Fernsprecher überflüssig. Ihre Zahl geht dramatisch zurück. Auch handelt es sich schon längst nicht mehr um gelbe Zellen, mittlerweile steht man im Freien. Nur kaputt sind sie meistens immer noch …

Status: nicht erreichbar.

Teppichklopfer Flagellanten, aufgemerkt! Die Teppichklopfer werden knapp wie einst die Marterpfähle im Land des Weißen Mannes. Jetzt heißt es: Rattan- oder Weidenvorräte anlegen und lernen, wie man einen Pracker (österreichisch) bosselt (lustiges Verb). Was der Staubsauger inhalieren kann, muß der Klopfer nicht mehr aufwirbeln. Der Lebensraum der tennisschlägerartigen Geflechte wird seit Mitte des letzten Jahrhunderts daher immer kleiner.

Noch 1952 ließen sich mit dem wöchentlichen Züchtigen von Schlingen und Webmustern bis zu 90 Pfennige pro Stunde verdienen. Heute haben junge Menschen sich – wenn überhaupt mit der Materie vertraut – an Plastikimitate gewöhnt, die in Farbe und Kontur eher Außerirdischen gleichen. Die naturfarbenen Teppichklopfer hatten wenigstens Ähnlichkeit mit tibetischen Glücksknoten, auch wenn sie in autoritären Haushalten bisweilen dem Schmerz und Leid der Zöglinge geweiht waren.

Noch bis 1985 besagte die Berliner Bauordnung, daß

bei Errichtung von mehr als drei Wohnungen eine Teppichstange fußläufig erreichbar aufzustellen sei. Mittagsruhe, das verstand sich von selbst, herrschte von 13 bis 15 Uhr. Auch war das Wummern, Bimsen und Wuppen und was sonst noch so statt Klopfen gebräuchlich ist, nur an festgelegten Tagen gestattet. Kinder turnten alle Tage am Gestänge.

Kaum zehn Jahre später rosteten die graulackierten Stangen, splitterte der Lack, mußten begeisterte Klopfer sich schon gerichtlich ihr Recht auf porentiefste Reinigung erstreiten: Das Amtsgericht Kassel hatte 1994 darüber zu entscheiden, inwieweit es einem Mieter gestattet sei, auf seinem Balkon bis zu dreimal wöchentlich seine Badematten auszuklopfen, die – laut Kläger – so viel Staubflusen absonderten, daß die Blumen eine Etage drunter kein Sonnenlicht mehr bekamen. Das Gericht befand, der Beklagte dürfe weiter auf seine Vorleger eindreschen, bat die beiden Parteien aber, sich künftig wegen Pipifax außergerichtlich zu verständigen. Der Nachsatz «Sonst setzt's was!» ist nur mündlich überliefert.

Heute stellen nicht einmal mehr Blindenwerkstätten die Klopfer her. Die wenigen auf Dachböden und in Kellern erhaltenen Exemplare werden langsam spröde. Dennoch empfiehlt es sich, sie aufzubewahren. So lassen sich im Jahr leicht bis zu tausend Euro sparen: Wer eine Stunde Teppich geklopft hat, muß danach gewiß nicht mehr ins Fitneßstudio. Auch zur Tätigkeit des Teppichklopfens passende Nylonkittel sind weitaus kostengünstiger als Markensportwäsche. Und was an Dreck da rauskommt, wenn man den Teppich klopft – herrlich. Da hat das Dasein wieder Sinn.

Status: fast geschlagen.

Trimm-dich-Pfad Er sah aus wie ein HB-Männchen, das auf sportlich macht. Das war auch seine Aufgabe, denn Trimmy war das Maskottchen der Trimm-dich-Pfade und sollte die Deutschen dort abholen, wo sie 1970 saßen, nämlich auf dem Sofa. Das Wirtschaftswunder hatte die Menschen fett und bräsig gemacht. Zuviel Schweinebraten, Bier, Bowle, Kellergeister und Zigaretten hatten den Körpern zugesetzt und führten zu 250 000 Herzinfarkten im Jahr. Ein Drittel aller deutschen Männer hatte optisch das gleiche Problem wie einst Ludwig Erhard: Sie waren übergewichtig, genau wie vierzig Prozent der Frauen. Kreislauferkrankungen und Frühpensionierungen waren auf dem Vormarsch. Die Krankenkassen schlugen Alarm, und die Gesellschaft sorgte sich um die Leistungsfähigkeit der deutschen Wirtschaft.

Am 16. März 1970 startete der Deutsche Sportbund in Zusammenarbeit mit Politik, Krankenkassen und der Wirtschaft eine konzertierte Aktion, um den verhängnisvollen Kreislauf von «Wer dick ist, bewegt sich nicht, und wer sich nicht bewegt, wird dick» zu durchbrechen.

Miese Klamotten, schlechte Luft, erbärmliche Ausstattung – aber alle hatten Spaß. So schön war's früher.

«Trimm dich durch Sport» hieß das Motto, und das Ziel war es, die Deutschen – angeführt von Trimmy – in den Wald zu locken.

Der Erfolg war atemberaubend: Hinter jedem zweiten Baum traf man Menschen in Sportbekleidung. Ganze Familien – angeführt vom dicken, schwitzenden Vater, gefolgt von zwei, drei Kindern und der molligen Mutter – trabten auf drei bis vier Kilometer langen Rundkursen von Trainingsstation zu Trainingsstation. Man stemmte

Hölzer in die Luft, kletterte über Baumstämme und verausgabte sich bei Klimmzügen an rostigen Eisenstangen. Auf kleinen weißen Tafeln wurden die Übungen erklärt, und Trimmy schlug vor: «Lauf mal wieder!»

Trimmy war cool. Und die Kinder waren von der Alternative zu langweiligen Sonntagsspaziergängen begeistert. Endlich etwas Action in der ansonsten «bleiernen Zeit» der jungen Bundesrepublik. Überhaupt klang «trimmen» moderner – so amerikanisch –, gar nicht wie das deutsche Wort «Leibesübungen», das immer noch in den Zeugnissen stand.

Nur ein paar Monate nach Start der Aktion kannten sechzig Prozent aller Deutschen Trimmy und sein Anliegen. 1972 waren es dann bereits dreiundneunzig Prozent. Ein Jahr nach den Olympischen Spielen in München, die die Sportbegeisterung weiter anheizten, trieben siebzig Prozent der Deutschen regelmäßig Sport, jeder zweite erklärte, auf den Trimm-dich-Pfaden unterwegs zu sein. Selbst der Bundespräsident wollte nun Teil der Bewegung werden. Walter Scheel, der sich mit «Hoch auf dem gelben Wagen» tief ins Herz der deutschen Volksseele gesungen hatte, schnürte die Sportschuhe und zog den Trainingsanzug an, mußte aber vier Monate interne Diskussionen abwarten, bis er laufen durfte: Das Bundespräsidialamt argwöhnte, ein verschwitzter Präsident könnte der Würde des Amtes schaden. Außerdem konnte – in der Hochzeit des deutschen Terrors – im Wald hinter jedem Baum ein Attentäter lauern. Doch schließlich durfte Scheel laufen. Ein großes Medienaufgebot begleitete ihn.

Was man im Fernsehen allerdings nicht sah, war, daß in den Wipfeln Scharfschützen des BKA hingen.

Wenn die Fitneßbegeisterung sich in diesem Maße Bahn brach, dann spielten vielleicht auch psychologische und historische Gründe eine Rolle. Experten vermuteten, daß der nationalsozialistische Körperkult den Deutschen den Spaß am Sport verdorben und Trimmy diese Traumatisierung gelöst hatte. Andere gingen von einer Sehnsucht der Deutschen nach einem Gemeinschaftsgefühl aus: Die APO-Generation hatte die Gesellschaft gespalten – Trimmy sollte sie versöhnen. Gemeinsam wollte man nun über die Gräben springen und den Problemen davonlaufen. Obwohl viele mitmachten, waren nicht alle dabei. Die Linken lehnten die «Tyrannei des Körpers» ab und eiferten in dieser Hinsicht Winston Churchill nach: *no sports* und dafür um so konsequenter Nikotin. Das Bedürfnis nach körperlichen Aktivitäten wurde im Rahmen der sexuellen Revolution gestillt. Sport galt als spießig.

Trimmy war das Feindbild. Doch Trimmy hatte einen noch viel mächtigeren Feind: Der Zahn der Zeit nagte an ihm. In den achtziger Jahren begann der Zerfallsprozeß der – in den siebziger Jahren wie Pilze aus dem Boden schießenden – Trimm-dich-Pfade. Die Holzbalken wurden morsch, verfaulten oder zerbröselten. Stangen setzten Rost an und Seile rissen, die Schilder verblaßten. Und was war schon Trimm-dich gegenüber Jogging oder Aerobic, wirklich coolen neuen Möglichkeiten, in Form zu bleiben? Warum sollte man überhaupt gemeinsam mit anderen Sport treiben? Die Familien lösten sich auf, und als Single legte man wenig Wert auf Gemeinschaftsgefühl. Worauf es ankam, war, fit für den Job zu sein.

Den Todesstoß versetzten Trimmy und seinen Pfaden die neuesten sportmedizinischen Erkenntnisse: Die machten deutlich, daß der Trimm-dich-Pfad ein sportwissenschaftlicher Holzweg war! Viele der Übungen auf den Tafeln des Pfades erwiesen sich als gesundheitsgefährdend. Die «Rumpfbeugen» konnten verheerende Folgen für die Lendenwirbel haben, «Sit-ups» auf einem Baumstamm das Ende der Bandscheiben bedeuten. Überhaupt gilt das Konzept von Laufen und Gymnastik als unausgewogen für den Muskel- und Konditionsaufbau.

Trimmy und seine Pfade wurden offiziell nie abgeschafft, allmählich verschwanden sie einfach. Die Natur nahm sie wieder in Besitz, und Trimmy blieb allein im Wald zurück.

Aber Trimmy fehlt: Zwei Drittel der deutschen Männer und über die Hälfte der Frauen sind übergewichtig. Zudem treibt nur ein Drittel aller Deutschen regelmäßig Sport. Fettleibige Kinder leiden unter Bluthochdruck, Schlaganfällen, Herzinfarkten, Gicht, Gelenkverschleiß und Altersdiabetes. Teilweise müssen die Enkel jeden Morgen die gleichen Medikamente wie ihre Großeltern einnehmen.

Falls Trimmy je aus dem Wald zurückkommt – kann er sich dann bitte was Ordentliches anziehen!?

Status: Puste ausgegangen.

Trockenshampoo Man nehme hundert Gramm fein gemahlene Haferflocken und hundert Gramm Natron, vermenge beide Substanzen, verteile das Puder großzügig in den ➶Haaren und massiere es speziell in die Fettablagerungen auf der Kopfhaut ein. Dann bürste man nach einigen Minuten des Einwirkenlassens die Masse aus.

Danken Sie uns nicht für dieses Rezept. Man hilft ja, wo man kann. Fettig war das Haar zuvor, fertig ist – ganz ohne lästige Wäsche – die neue Frisur. Oder sagen wir: die Installation. Denn der eine oder andere Anwender berichtete anschließend von herabrieselnden Bröseln auf Schulter und Kleidung. Auch von vereinzelter Klumpenbildung ist in den Selbsthilfeforen die Rede. Aber so kann man es eigenhändig herstellen, das Trockenshampoo.

Trockenshampoo. Was ist das denn? Und wer braucht so was überhaupt? Eine vernichtende Frage, die das Leben des Reinigungspulvers von Anfang an begleitete. Andere, pragmatische Naturen greifen, statt darüber nachzugrübeln, zum Frisierumhang, bürsten ihr Haupthaar gründlich aus, besprühen dann aus zwanzig Zentimeter Entfernung jeweils abgeteilte Haarsträhnen mit Butane, Oryza Sativa, Ethylalkohol, Quaternium-26, Geraniol, Hydroxyisohexyl 3-Cyclohexene Carboxaldehyde, Hexyl Cinnamal, Butylphenyl Methylpropional und Linalool. Das ist praktischerweise schon als Spray käuflich zu erwerben. Und hilft richtig. Sagen die, die es hier und da immer noch anwenden, wenn die Zeit mal nicht zum Waschen reicht. Eine Frau packt aus:

«Also ich verwende auch immer mal Trockenshampoo und finde es gut. Da meine Haare schnell nachfetten, kann ich dafür sorgen, daß sie schnell wieder luftig und locker sind, zum Beispiel, wenn man sich spontan entscheidet wegzugehen und keine Zeit mehr zum Haarewaschen und -fönen hat. Man muß aber dazu sagen, daß es für blonde Haare besser geeignet ist als für dunkle. Je dunkler die Haare, desto größer die Gefahr, daß man eventuelle Restbestände, die man übersehen oder nicht durch Fönen oder Ausbürsten rausbekommen hat, sieht, da es sich ja um ein weißes Puder handelt. Im Prinzip ist es sogar besser als das Puder, was man auf die Haut aufträgt, das ist ja auch zum Glanzabdecken da und bleibt aber auf der Haut. Bei dem Trockenshampoopuder nimmt das Puder ja das Fett auf und wird wieder entfernt durch Bürsten oder Fönen. Deshalb versteh ich nicht, wie da andere ein Problem mit haben können.»

Dem entgegnet an gleicher Stelle eine Rothaarige, daß sie keinerlei Bleichungseffekt ausmachen könne, im Gegenteil sogar ein kräftigeres Leuchten in ihren fisseligen Schädelauswüchsen habe beobachten dürfen. Zeitaufwendige Diskussionen, während deren unsereins sich einfach mal die Haare wäscht. So noch vorhanden. Uns beschleicht ein Verdacht: Ob eine der Nebenwirkungen der Verwendung von Trockenshampoo Schwafelsucht ist? Vielleicht ist es ja deshalb so rar geworden?

Noch bis in die Siebziger wurde sogar im Fernsehen dafür geworben. Als Kind hielt man jeden Grauhaarigen in den Fußgängerzonen für einen Trockenshampoonutzer. Die halbe Welt schien drauf zu schwören. Die sahen alle so weise und so vornehm aus – wie die mit den gepuderten Perücken im Rokoko. Gleichsam ein verstaubter Rest adliger Noblesse schien das Trockenshampoo zu umwehen. Nur hatte die weiße Tünche im 18. Jahrhundert die Aufgabe, die Übergänge auf der Rübe zwischen Echthaar einerseits und Ziegen- und Roßhaarapplikationen andererseits zu überdecken. Und so ist es denn nur logisch, daß vorwiegend Menschen mit Haarverlängerung auf Trockenshampoo schwören. Ansonsten haben wir noch niemanden getroffen, der das Zeug benutzt. Es ist ebenso anachronistisch wie der Kohlebadeofen. Davon zeugt auch der Staub auf den letzten verbliebenen Sprühdosen mit Trockenshampoo im Drogeriemarkt.

Status: ausgespült.

Tropfkerze, Flokati, Makramee Um das Phänomen der Tropfkerze zu verstehen, muß man unfaßbar weit ausholen und sich die Wohnhaftbedingungen der Bundesbürger in der Nachkriegszeit vor Augen führen. Bombenteppiche hatten die deutschen Großstädte in Schutt und Asche gelegt. Das Land war ausgebrannt. Hastig errichtete Bausünden im erbärmlich einfallslosen und ängstlichen Stil der fünfziger Jahre ersetzten die einst erhabenen Altstadtkerne. Die Innenstadt Hannovers zum Beispiel wurde zu einer Anhäufung schäbiger Schuhschachteln. In den Sechzigern gesellte sich der asoziale Größenwahn moderner Hochbauweisen hinzu. Irgendwann war die kritische Betonmasse erreicht.

Der Psychologe Alexander Mitscherlich war der erste, dem der Kragen platzte: 1965 veröffentlichte er sein Buch «Die Unwirtlichkeit unserer Städte». Es ist zwar nur ein schmales Bändchen, aber gewichtig genug, jedem rein quadratisch und kleinkariert denkenden Bausparer über die Rübe gezogen zu werden. Doch es dauerte noch ein Jahrzehnt, bis es in den Bücherregalen der Nation nach entfalteter Wirkungsmacht vor sich hin stauben konnte.

Salopp gesagt, stellte Mitscherlich fest: Was immer da in den letzten Jahren an Unerträglichkeiten zusammengezimmert worden sei, gehe an den Bedürfnissen der Menschen gründlich vorbei. Selbst in den Wohnungen herrsche ein pathologischer Ordnungs- und Sauberkeitswahn. Als «leblos geputzte Zimmer mit aufgereihten Kissen auf der Sitzbank, an der Oberkante eingedrückt», beschreibt Mitscherlich des deutschen Michels gute Stube. Dabei sei der «unglückliche Versuch, aus Sauberkeit und Ordnung Glück zu gewinnen», keine Eigenheit der Frauen; vielmehr sei der Bundesbürger an sich krank. Seine Liebe gelte einem unbelebten Objekt. Das sei pervers und fetischistisch. Die mittlere Knuffkante im Couchkissen nannte er den «finalen Nackenschlag». Das klingt wie Genickschuß.

Ende der sechziger Jahre standen die Zeichen allgemein auf Sturm. Im Windkanal der Kritischen Theorie wurde alles Althergebrachte so lange getestet, bis man endlich

Materialermüdung feststellen konnte. Die Wucht der revolutionären Dialektik oder der klassenkämpferischen Ideale war enorm. Ganz gleich, ob Couchgarnitur oder Curriculum, Schamverhalten oder Schweinesystem: alles mutete modrig, muffig, wenn nicht gar verwest an. Selbst unter den Talaren stank es. Frischer Wind tat not.

Es war die Zeit, in der Hochbetten Balken für Balken ihren langen Marsch gen Stuckdecke antraten und auf dem Boden ausliegende Matratzen zu stillen Zeugen gelebter Polygamie wurden. Bürgerliche Randfiguren wie der Käseigel wurden zur Haßfigur, Apfelsinenkisten verwandelten sich in Bücherregale. In den WGs probierten Massen halbnackter Menschen neue Lebensformen aus, an den Kühlschränken klebten Einkaufszettel (➶Einkaufsnetz), Putzpläne, Demotermine. Kurz, Unordnung war kein Feind mehr, sondern Ausdruck einer vitalen Ablehnung autoritärer Strukturen.

Nur vor diesem Hintergrund sind die tastenden Basteleien der Epoche zu verstehen: als Versuch, der Stangenware des Gelsenkirchener Barock (➶Schrankwand) zu entkommen. Vorzugsweise bastumflochtene, dickbauchige Flaschen wurden mit mehrfarbigen Kerzen bestückt, und man ergötzte sich an den Mustern, die das herabtropfende Wachs bildete. Je wulstiger die Schichten, desto eindeutiger der Beweis: Hier haben Menschen in inniger Verbundenheit miteinander gegessen, getrunken, diskutiert. Hier existiert intelligentes Leben.

Diesen erstarrten Rinnsalen ist allerdings die Wirtschaftswunderkindheit deutlich eingeschrieben: Wer

«Junge Union» beim Musizieren.

Anfang der Sechziger als einer der ersten mit Mutti und Vati im BMW 1500 nach Rimini brauste, kehrte für immer verzaubert zurück. Hatte nicht auch der Wind dort unten an der Mole das Wachs weit über den Rand der Kerze hinausgeblasen? Die beruhigenden Muster seicht anschwappender adriatischer Wellen fanden sich, mit Spachtelmasse nachgeformt, auch an den Wänden der ersten Pizzerien. Dazu ein gutes Glas Lambrusco aus der Zweiliterflasche – das war mondän.

Aus den Wirtschaftswunderkindern wurden die Revoluzzer der Sechziger. Die kritischen Kritiker waren selbst die ersten wirklichen Nutznießer des Wohlstands. Nachdem ihre Eltern für das Lebensnotwendige gesorgt hatten, zogen sie als Hippies und Teilzeitnomaden aus den sterilen Wohnstuben in die weite Welt hinaus. Und in ihren VW-Bussen, in deren Radkästen das Dope geschmuggelt wurde, stapelten sich neben Tonnen von Schmuck, Räucherkerzen und Tinnef aus Nepal, Afghanistan und Indien auch die ersten Flokatiteppiche für die WG daheim.

Die Wohnzimmer wichen exotischen Wohnlandschaften voller Symbole und Reliquien einer neuen Weltanschauung, in denen nicht mehr vegetiert, sondern experimentiert wurde. Antiautoritär erzogene Kinder versauten die ganze Bude. Messer, Gabel, Schere, Licht – eigentlich Insignien des Erwachsenseins – wurden ihnen erstmals anvertraut.

Die siebziger Jahre hatten begonnen: Ein neues Familienidyll brach an. Im Schein der Tropfkerzen entstanden Pläne für Landkommunen. Nehmen wir ein beliebiges Paar, Uschi und Hans-Peter, das allerdings in der Stadt blieb. Hans-Peter hatte gerade eine Stelle als Referendar bei Gericht bekommen, Uschi – eine Erziehungsberechtigte, *formerly known as:* Mama – bastelte mit den beiden Kindern. In Konservendosen verflüssigtes Wachs stank gegen den Patschuliduft ihres Pullis an. Unter den Augen der Makramee-Eulen an der Wand setzte der Wachs sich Schicht für Schicht am Baumwollfaden fest. Während Uschi ihren Tee trank und das Sandelholzstäbchen abbrannte, überlegte sie, wie sie der Unordnung in ihrem Haushalt Herr werden könnte. Der ewig verschmutzte Flokati, der sich nicht reinigen ließ, würde in den Müll wandern. Und diese vergammelten Trockenblumen gleich mit. Einen Vorleger fürs Klo bräuchte sie auch.

Sie zupfte an ihrem Batikshirt und beschloß, bei ihrem nächsten Ikea-Besuch nach einer neuen Regalkonstruktion Ausschau zu halten. Eine ➶Schrankwand käme ihr jedenfalls nie ins Haus! Ach, und wenn sie schon mal da war, konnte sie auch eines dieser Hundertersäckchen Teelichter mitbringen. Die sind ja ebenso praktisch wie günstig.

Die wachsverzierte Weinflasche – sie sah aus, als wäre sie mit staubigen Geschwüren überzogen, die gleich abfallen, wenn man daran herumpult – wanderte in den Müll. Tropfende Kerzen wird Uschi ab den frühen Achtzigern nur noch auf Mahnwachen sehen, von Menschenhand vorm Wind geschützt.

Status: erloschen.

Unerreichbarkeit Einmal jährlich findet in vielen Redaktionen ein beliebtes Spiel statt. Vorzugsweise Praktikanten gehen von Mann zu Frau und stellen die Frage, welche drei Platten, Bücher und/oder Filme man mit auf die einsame Insel nähme. So häufig, wie sich deutsche Journalisten dergestalt reisefertig zu machen haben, liegt die Vermutung nahe, daß auch realiter auf jeder einsamen Insel mittlerweile eine umfangreiche Leihbibliothek sowie ein Shop für iPods und Laptops mit DVD-Laufwerk existieren. Oder gleich ein Robinson Club.

Doch wo sind sie überhaupt, die einsamen, unentdeckten Inseln? Selbst auf der schottischen Insel Canna drängten sich 2006 neunzehn Menschen, allein die Grundschule war noch ein ruhiges Plätzchen, denn dort gab es nur einen Schüler und keinen Handyempfang. Alles, was noch als sogenannte einsame Insel auf dem Markt ist, ist außerdem so richtig günstig nicht. Unerreichbarkeit ist ein unbezahlbares Privileg geworden. In den Boddengewässern von Rügen waren zum Zeitpunkt der Niederschrift dieses Buches noch 1,74 Hektar Land zum Schnäppchenpreis von rund vierhunderttausend Euro erhältlich. Zuzüglich 3,5 Prozent Maklercourtage. Eine unbewohnte Insel, auf der der lange Arm des Gesetzes dennoch mit eiserner Hand durchgreift: Wer das brackwasserumschwappte Häufchen Erde kauft, kann dort höchstens Holz hacken oder Pediküre betreiben – aber nicht bauen. Das Eiland steht unter Naturschutz.

Inseln waren einst Refugien, auf denen man dem Prozeß der Zivilisation entkommen konnte. Aber schon Tom Hanks hatte in «Cast Away – Verschollen» (2000) nach zwanzig, dreißig Spielminuten genug von der Unerreichbarkeit und bemühte sich fortan, das Gespräch mit einem zerknautschten Volleyball namens Wilson in Schwung zu bringen. Und Robinson Crusoe ward das Glück beschert, einen gewissen Freitag kennenzulernen, nach Jahren kommunikativer Abstinenz. (Nach dem Willen Defoes hatten die ebenfalls auf der Insel anwesenden Kannibalen offenbar nur sehr eingeschränkten Redebedarf oder dauerhaft den Mund voll.) Doch selbst im 17. Jahrhundert pflegten Schiffbrüchige regen Austausch mit der Welt: Sie verkehrten über das zugegebenermaßen schwer zu steuernde Medium der Flaschenpost mit dem Festland; im schlimmsten Fall enthielten die ankommenden Buddeln Nachrichten von Absendern mit dem Humor eines I-Dötzchens. Also etwa: «Wer das liest, ist doof!»

Heute ist jeder zu jedem Zeitpunkt erreichbar, sofort und überall. Nur Funksignale zum Mond und Mars brauchen noch zwischen 2,5 Sekunden und rund zwanzig Minuten. Telefonsex wird da nur in der SM-Variante möglich. Wer wartet schon gerne eine Viertelstunde auf die Antwort zu der Frage: «Weißt du, wo ich gerade meine verschwitzte Hand habe?» Auch den Außerirdischen macht das offensichtlich keinen Spaß. An der musikalischen Auswahl unserer Botschaft kann es jedenfalls nicht liegen, daß sie sich noch nicht gemeldet haben: Die NASA schickte 1977 die Sonden Voyager 1 und 2 in Richtung der wirklich großen Planeten unseres Sonnensystems: Jupiter, Saturn, Uranus und Neptun. Außer Notizen auf einer goldenen Schallplatte, die schwefelatmenden Walzenwesen mit neunhundert Augen die Tränen der Rührung in selbige treiben dürften, weil sie sähen, daß wir die vier Grundrechenarten beherrschen, war auch Musik mit an Bord, eine breite Auswahl, von Bach bis Chuck Berry. Die Verantwortlichen sorgten dafür, daß die Stücke nicht allzu groovy waren: Ein Stück von Las Ketchup wie der «Las Ketchup Song», und irgendwann stünden Horden fremdförmiger Wesen bis zum Mond Schlange, um das, was man bei ihrem Körper

Hintern nennt, auf unserem Planeten zu schütteln und in sich hineinzugießen, was ihnen einen Rausch beschert.*

Nun gut, die Aliens sind noch «vorübergehend nicht erreichbar». Aber für uns Erdlinge gilt das längst nicht mehr. Der Sputnik-Schock vom 4. Oktober 1957, der die Bewohner der westlichen Hemisphäre für kurze Zeit gleichsam auf die erdabgewandte, dunkle Seite des Mondes versetzte, ist überwunden. Kommunikationstechnologie, die einst Astro- oder Kosmonauten oder allenfalls der Besatzung der Enterprise (➶ Grenzen) vorbehalten war, steht heute jedem zur Verfügung, der es sich leisten kann, in unseren Weltengegenden also praktisch allen. Soziale Netzwerke wie MySpace oder studiVZ verdichten das Knäuel persönlicher Verstrickungen erheblich und erschweren unser Dasein, indem sie Intensität, Nähe und Informiertheit verheißen (➶ Aufmerksamkeit, höchste). In Wahrheit verbreiten sie einfach Betriebsamkeit, oft genug blindwütigen kommunikativen Aktionismus. Muß ich wirklich via Twitter erfahren, daß Nora gerade Kaffee trinkt und dirtypillow88 ihren Freund mit Nutella eingerieben hat?

Es gab Zeiten, auch einst im jungen Leben der Autoren, da hatte man mühsam zu erkunden, welche Münzen der jeweiligen Landeswährung man in der ➶ Telefonzelle

* Im Falle der Tectonesen, einer Rasse aus der Fernsehserie «Alien Nation», war das vergorene Milch und eine blaue, für Menschen harmlose Flüssigkeit, die unseren Spülmitteln ähnlich ist. Man weiß nie, wozu die Dinge gut sind.

brauchte, um nach Hause zu telefonieren. Es gab Zeiten, da Liebesbriefe aus dem Urlaubsort die Holde erst erreichten, als man schon wieder an der Werkbank stand. Sechs Wochen Wartezeit für einen Telefonanschluß waren die Regel, im Osten gar sechs Jahre und mehr, weshalb man einander Zettel an die Wohnungstüren pappte, um Verabredungen zum Kaffeetrinken zu treffen, die – glaubt man den Erzählungen heute – ausnahmslos zum Beischlaf oder mindestens zur Verabredung eines Nacktbadeurlaubs in Bulgarien führten. An Autotelefone oder Handys war nicht mal zu denken. Man kann sich gar nicht mehr vorstellen, daß ein Staat wie die Bundesrepublik ohne die Ordnungswidrigkeitsgebühren existieren könnte, die er jährlich wegen Telefonierens hinterm Steuer einkassiert.

Die ständige Erreichbarkeit ist mittlerweile zum Problem geworden. Buchautoren rufen das Zeitalter der Informationsdiät aus. Seitenweise hagelt es Ratschläge, wann man seine E-Mails, SMS und Anrufe auf der Mailbox wie zu beantworten habe. (Im Zweifelsfall weniger bis gar nicht!) Besonders seriöse Ratgeber erklären, wo sich der Ein-und-aus-Schalter beim Handy befindet. Dem benommen taumelnden Publikum wird vor Augen geführt, daß derjenige, der immer erreichbar ist, eigentlich für nichts und niemanden wirklich da ist. Technisch optimale Einbettung und sozial sinnvolle Vernetzung sind geradezu Widersprüche geworden.

Dieser Dialektik entzog sich ein wackerer Chatter unlängst in einem Diskussionsforum durch die Schlußfolgerung: kiffen statt mailen. Oder für Nicht-↗Raucher: Space-Cakes statt MySpace. Solange man dazu aber Kontakt mit dem Dealer seines Vertrauens aufnehmen muß, ist das mit der Unerreichbarkeit eine zwiespältige Sache. Denn was tun, wenn der sein Handy ausgeschaltet hat?

Status: verschwunden – und doch ein Menschenrecht.

Verlobung Romeo und Julia waren nie verlobt und wollten es auch nicht sein. Menschen entscheiden sich für oder gegen die Ehe, und die Verlobung ist nur ein Etappenziel: Wer sich verlobt, der plant zu heiraten. Das wollen allerdings immer weniger. Laut Statistischem Bundesamt lebten 2007 in Deutschland 2,4 Millionen Paare «in wilder Ehe» zusammen, wie einst Udo Jürgens sang. 1996 waren es nur 1,8 Millionen. Parallel zu dieser Entwicklung sank die Zahl der Hochzeiten. Im Jahr 2006 wurden in Deutschland 373 681 Ehen geschlossen. 1950 waren es noch knapp 750 500. Es ist also gut dokumentiert, wie viele Paare ohne Trauschein zusammenleben und wie viele immer noch heiraten. Aber für die Zahl der in Deutschland verlobten Paare interessieren sich nicht einmal die Statistiker.

Wahrscheinlich verloben sich immer weniger Menschen, weil immer weniger heiraten. Doch auch von denen, die heiraten, sind immer weniger vorher verlobt gewesen. Allein schon das Wissen über das Verlöbnis hat stark nachgelassen. Ein Eintrag aus einem Internetforum, Titel: «Verlobung, wie läuft das genau?!?!»

«Hallo!

Meine Freundin und ich sind jetzt seit zwei Jahren zusammen, und sie hat gestern das Thema Verlobung angesprochen.

Also wie läuft das!? Ich habe da so viel gehört, man macht ihr einen Antrag, sie sagt ja ... dann ist man bis zur Hochzeit verlobt!? Ist das so richtig? Ich komme mir voll blöd vor, irgendwie. Ich dachte immer, daß man dazu aufs Standesamt müßte!? Also daß es auf jeden Fall mehr als mündlich ist ... versteht ihr, was ich meine!? Schreibt mir bitte mal, wie es wirklich dann abläuft!

Vielen Dank, Tobi»

Es ist nicht «mehr als mündlich». Sich zu verloben ist relativ leicht: Zwei Menschen beschließen einfach, es zu sein. Mehr bedarf es nicht.

Dieser Umstand bereitet vor allem den Juristen Kopfzerbrechen, denen die gesamten Verlobungsparagraphen im BGB (1297 bis 1302) mittlerweile ein Dorn im Auge sind. Im Dezember 2006 forderte der damalige Hamburger Justizsenator, Carsten Lüdemann (CDU): «Man sollte das Rechtsinstitut Verlöbnis aus dem BGB herausnehmen!» Hintergrund dieser Forderung ist, daß Verlobte, genau wie Ehepartner und Angehörige, ein Zeugnisverweigerungsrecht haben. «Wir haben festgestellt, daß zum Beispiel in Prozessen wegen Drogenkriminalität Zeugen plötzlich mit den Angeklagten verlobt sind und die Aussage verweigern», sagte Lüdemann.

Einer der Paragraphen, die das Verlöbnis regeln, wurde schon gestrichen: § 1300 BGB existiert seit dem 1. Juli 1998 nicht mehr. Allerdings ist es kaum zu glauben, daß solch ein Paragraph überhaupt – seit dem 1. Januar 1900 – so lange bestehen konnte. Er klingt heute wie die islamistische, fundamentalistische Interpretation einer Koransure. Die Regelung sah vor, daß – bis dato – «unbescholtene» Frauen, die ihrem Verlobten «die Bewohnung» gestattet hatten, von diesem «Kranzgeld» fordern konnten, wenn er das Heiratsversprechen nicht einlöste. Der Begriff «Kranzgeld» stammt aus dem Brauchtum und bezieht sich auf den Strohkranz, den die nichtjungfräulichen Bräute statt eines Myrtenkranzes bei der Hochzeit tragen mußten. Der Kranzgeldanspruch sollte also den Verlust des Jungfernkranzes kompensieren.

§ 1300 BGB zeigt die kulturellen Wurzeln der Verlobung. In der konservativen bürgerlichen Gesellschaft wurden Ehen häufig von den Eltern «organisiert». Junge Menschen konnten selten zu zweit und ohne Sittsamkeitskontrolle etwas unternehmen. Das war nur für Verlobte möglich. Heute spielt das keine Rolle mehr. Die Einschläge für die Verlobung kommen näher. Zwar verlobt man sich noch, aber die prominenten Anhänger dieses Brauches lassen ihn nicht gerade nachahmenswert erscheinen. Paris Hilton war angeblich mehrmals verlobt, und Boris Becker hat's auch wieder getan. Lieber Tobias, red deiner Freundin das mit der Verlobung besser aus!

Status: aufgelöst.

Witze Bereits im Alten Rom gab es eine Sammlung der gebräuchlichsten Kalauer – den Philogelos. Ein Beispiel: Ein Mann beschwert sich bei einem anderen: «Der Sklave, den du mir vor kurzem verkauft hast, ist gestorben.» Darauf der andere kühl: «Bei den Göttern, solange er bei mir gelebt hat, hat er so was nie gemacht!»

Der Witz ist so alt wie die Menschheit und geprägt von kulturellen Unterschieden. Britischer Humor gilt als schwarz, während Witze aus Ägypten in Europa kaum zu verstehen sind: «Warum geht ein Kamel durch die Wüste? Weil es auf die andere Seite will!» Völlig kryptisch wird es beim japanischen Witz: «Da sind zehn Ameisen. Und danke!»

Wer bisher nicht lachen konnte, kann kein Deutscher sein, denn Untersuchungen haben gezeigt, daß die Deutschen weltweit die größten Lachsäcke sind. Im Ernst, bei der umfangreichsten wissenschaftlichen Analyse zum Lachverhalten der Menschheit, erstellt im Jahr 2004, belegten die Deutschen den ersten Platz: Fünfhunderttausend Menschen aus über siebzig Ländern hatten dabei mitgewirkt und insgesamt vierzigtausend Witze bewertet. Anschließend konnten die Leiter des Projekts mit dem Namen «LaughLab» feststellen: Kein anderes Volk lacht so viel über gute, aber eben auch schlechte Witze wie das deutsche. Das «LaughLab» macht den Grad der Zufriedenheit einer Gesellschaft für die Höhe der Lachschwelle verantwortlich: Je zufriedener ein Land ist, um so weniger wird gelacht. Die Kanadier, die sich für besonders glückliche Menschen halten, gehen zum Lachen deshalb in den Keller. Die Deutschen hingegen, unzufrieden mit allem und jedem, hauen sich schon beim kleinsten Anlaß auf die Schenkel!

Ende der siebziger, Anfang der achtziger Jahre muß die Unzufriedenheit in Deutschland mal wieder einen Höhepunkt erreicht haben: Der Häschenwitz ging um.

Kommt Häschen in die Apotheke und fragt den Apotheker zum tausendsten Mal: «Haddu Möhrchen?» Dem Apotheker reicht's: «Weißt du was, Häschen? Ich hab die ständige Fragerei endgültig satt. Ich schmeiß den Job. Wenn du Lust hast, kannst du den Laden übernehmen.» Und Häschen übernimmt. Am nächsten Tag kommt der Apotheker rein und fragt Häschen: «Na, haddu Möhrchen?» Antwortet Häschen: «Haddu Rezept?»

Nur ein paar Jahre später entstand der Mantawitz. Er löste die Ostfriesenwitze ab. Nun kam der Trottel nicht mehr aus dem Norden, sondern fuhr Opel. Angeblich haben Marketingabteilungen konkurrierender Autofirmen die Verbreitung der Witze lanciert:

Ein Mantafahrer fährt vor einen Baum. Er rettet sich mit Mühe und Not aus dem Wagen, als dieser Feuer fängt. Nun beginnt er laut zu jammern: «Mann ey, mein schöner neuer Manta.» Hält ein Mercedes-Fahrer und sagt: «Junge, vergiß den Wagen, guck dich doch mal an: Du hast nur noch ein Bein!» Sagt der Mantafahrer: «Mein Gott, die schönen Cowboystiefel!»

Die letzte große Spaßwelle, die Deutschland überrollte, waren dann die Blondinenwitze:

Wie beschäftigt man eine Blondine für mehrere Stunden? Einfach «Bitte umdrehen!» auf beide Seiten eines Papiers schreiben!

Seitdem sind neue Witzwellen ausgeblieben. Kalauer werden im Internet systematisch archiviert, im Fernsehen gehen die Comedians täglich auf Sendung – da ist es mit dem Spaß vorbei: Der erzählte Witz ist tot. Das haben auch die Ergebnisse des «LaughLab» bestätigt. Unter den vierzigtausend Witzen wurde der vermeintlich beste Witz der Welt ermittelt, also jener, den die meisten der fünfhunderttausend Teilnehmer aus siebzig Ländern zum besten wählten:

«Zwei Jäger gehen auf die Jagd und wandern durch den Wald. Plötzlich greift sich der eine an die Kehle und stürzt zu Boden. Der andere Jäger gerät in Panik und ruft den Notarzt an: ‹Ich glaube, mein Freund ist tot, was jetzt?› Der Arzt sagt: ‹Beruhigen Sie sich! Zunächst einmal müssen Sie sichergehen, daß Ihr Freund wirklich tot ist.› Kurze Pause, dann ein Schuß. Dann kommt er wieder ans Telefon. ‹Okay, erledigt, und was jetzt?›»

Status: totgelacht.

X Natürlich taucht es hier und da noch auf, das X. Nicht nur in Gliederungen. Und nicht nur als römische 10, die schon immer im Verdacht stand, sich mit Betrügern einzulassen. Wer nämlich ehrlichen Schuldnern ein X für ein U vormachte, also der römischen 5 auf Schuldscheinen zwei Füßchen verpaßte, beschiß tüchtig.

Aus der römischen 5 – dem V – wurde später unser geliebtes U, ohne welches von jedem Uhu nur ein Todeshauch bliebe. Das X hat sich, offenbar beschämt, zurückgezogen. Wir kennen es noch von Hexen und anderen Extremfällen. Im Spanischen spricht es uns mit Wasser im Mund als «Mechiko» an. Und auch in dämlichen Popsongs überkommt es uns: «Nano vom Planeten X, zeig uns allen deine tollen Alientricks!»

Die Akte X, die letzte Bastion ungelöster Menschheitsrätsel, reißt keinen mehr vom Hocker. Terra X hin, X-ray her: Das X hat seinen Zauber verloren. Brachial erheischt es unsere Aufmerksamkeit nur noch, wenn es Kleidungsstücke als überüberübergroß ausweist. Nur in jungen Jahren quält es uns als Variable in verflixt langen Gleichungen und als «x-Achse» in kartesischen Koordinaten.

Nach dem Q ist das X der zweitseltenste Buchstabe im deutschen Alphabet. Die durchschnittliche Verwendungshäufigkeit liegt laut einer Untersuchung bei 0,03 Prozent. Im Englischen ist sie fünf-, im Französischen gar zehnmal höher. In diesem Text lag das Aufkommen des X bisher um ein Vierzigfaches höher als in anderen Texten. Nach dem letzten Satz sogar um das Dreiundvierzigfache. Aus dem Italienischen hat sich das X völlig zurückgezogen.

Esoteriker mögen darin Bedeutsames erkennen: Für sie hat jedes Wort, jeder Buchstabe eine magische Bedeutung. Das X steht dabei für das Kreuz, die Erhebung zum Göttlichen, das Aufeinandertreffen von Himmel und Erde, versinnbildlicht in der Wespentaille des X. In der Axt, sagen sie, treffen Metall und Holz aufeinander. In der Achse hingegen nicht. Vielleicht gibt es ja irgendwo auf der Welt eins unserer geliebten U, das so groß und bauchig ist, daß man diesen Kappes dort für immer einlagern kann?

Zum x-ten Mal also zurück zum Thema. Dem Verschwinden des X. Der wahre Grund dafür liegt in der Alphabetisierung. Wer schreiben kann, besiegelt Verträge und Urkunden mit seinem Namen. Wer diese Kulturfertigkeit nicht beherrscht, macht drei Kreuze drunter. Auch wenn die heute gemäß § 126 BGB notariell beglaubigt werden müssen.

Allerdings ergaben die Studien einer gewissen Anna Staudacher von der Österreichischen Akademie der Wissenschaften im Jahre 2003, daß kein Kreuzchen dem anderen gleicht. Es wurde mit allen Tricks – warum eigentlich nicht Trix? – hantiert, um ihnen ein individuelles Aussehen zu geben. Eine leichte Drehung, ein etwas stumpferer Winkel, und schon stand unter dem Pachtvertrag statt des langweiligen «xxx» ein markantes «+xx». Die Zahl der Kreuze variierte regional und historisch übrigens zwischen einem und sechs. Zumindest zählen mußte man also können.

In neuerer Zeit bekamen nur noch Xbox und Fax ab, was sämtliche Duden den Dachsen, Echsen und dem Wachs mißgönnten. Bleibt noch das Wörtchen «Sex».

Hier erleben wir das X in enger Vertrautheit mit seinem häufigsten Partner: dem E, das sich ihm scheinbar offenen Mundes zuneigt. Doch es hilft nix. Nicht mal in der martialischen Häufung des XXX – das Kürzel für Hardcore-Inhalte auf Sexseiten im Netz – kann das X heute leisten, was es einst als Unterschrift zu bieten in der Lage war: Verbindlichkeit. Vertrauenswürdigkeit. Knackige Stärke.

Sind wir nicht alle ein bißchen X?

Status: angeknaxt.

Yps Die Historiker waren sich lange nicht einig. Sind es die historischen Bedingungen, die aus normalen Menschen Persönlichkeiten der Zeitgeschichte machen? Oder sind es starke Personen, die eine ganze Epoche prägen und gestalten? Erst in den siebziger Jahren ließ sich diese Frage beantworten: Weder Personen noch Umstände sind es, die die Welt verändern – es sind Gimmicks.

Am 13. Oktober 1975 brach die Revolution los: Der Verlag Gruner + Jahr warf ein blau-grün kariertes Känguruh auf den bundesdeutschen Comicmarkt, nannte es «Yps» und legte das erste Gimmick bei: das Schleuderkatapult zum Selberbauen. Die kleinen Spielzeuge von meist minderem materiellem Wert schlugen in den deutschen Kinderzimmern ein wie eine Bombe. Das «Yps»-Heft wurde der Stoff, aus dem Kinderträume waren. Nichts beflügel-

... Spiele, Witze, Rätsel, Tricks: das Informationsmagazin des Interessenverbands für Plastiksondermüll.

te die Phantasie so sehr wie die noch nicht erschienene nächste Ausgabe – und bis dahin mußte man eine sich in der kindlichen Zeitvorstellung ewig dahinquälende Woche überstehen. Besonders schlimm war es am Freitag, denn da war das Gimmick vom Montag bereits kaputt, und ein langes Wochenende stand bevor. Das konnte ganz schön nerven, weil sich die Eltern dann immer für einen interessierten, was sich schlimmstenfalls in langweiligen gemeinsamen Spaziergängen niederschlug. Am Sonntagabend steckte man das Taschengeld für das «Yps»-Heft in die Agenten-Brieftasche (Gimmick Nr. 360). Und um einschlafen zu können, zählte man keine Schafe, sondern karierte Känguruhs. Aber wer in den magischen Bann des «Yps»-Gimmicks geraten war, kam auch mit dieser Prüfung klar.

Es erschienen Hefte mit «Kugelpfeife», «Magnetrad», «rotem Rotor», «Buddelschiff», «Geldzaubermaschine» und weiteren eigenartigen Gimmicks mit noch seltsameren Namen. Bis heute unvergessen und auf Platz 1 der ewigen «Yps»-Gimmick-Bestenliste: die Urzeitkrebse (Heft 25). Das Futter dieser bedauernswerten Kreaturen befand sich als Gimmick allerdings erst in der nächsten Ausgabe (Heft 26), was dazu führte, daß sich die verzweifelten Tiere vor den entsetzten Augen ihrer Besitzer gegenseitig auffraßen. Die Urzeitkrebse, die überlebten, wurden Wochen später von Mutti beim Frühjahrsputz mit der Klospülung in die Kanalisation entsorgt, was man eigentlich nicht machen sollte – angeblich konnten die Krebse im Milieu menschlicher Ausscheidungen bis zu vier Meter groß werden und sich von Hunden und Katzen ernähren. «Riesenmonster», die im Untergrund der Städte Angst und Schrecken verbreiten, so daß man sich kaum mehr aufs Klo traute, das war damals eine schöne, gruselige Vorstellung!

Ein weiterer Gimmick-Bestseller wurde der Solar-Zeppelin, der aus einer extrem dünnen schwarzen Folie bestand, durch die sich die Luft im Inneren bei starker Sonneneinstrahlung erwärmte. Der Zeppelin konnte nun seinen Flug antreten. Insgesamt vierzehnmal fand sich dieser Gimmick in «Yps». Im April 1991 kollidierte ein Alitalia-Passagierflugzeug im Luftraum von Großbritannien über der Grafschaft Kent beinahe mit einem unbekannten Flugobjekt. Die Luftfahrtexperten, die nicht an Ufos glauben, gehen davon aus, daß es sich um einen «Yps»-Solar-Zeppelin gehandelt haben könnte.

Ein einmaliges Outdoor-Erlebnis versprach das Abenteuerzelt von «Yps». Nüchtern betrachtet handelte es sich dabei um einen aufgeschnittenen Müllsack. Erst die «Yps»-Bastelanleitung adelte ihn zum vollwertigen Allroundzelt. Einige Eltern hielten sich allerdings nicht an den von «Yps» vorgegebenen Zweck und ließen dem Abenteuerzelt wieder seine ursprüngliche Bestimmung zukommen, indem sie die aufgeschnittene Seite verknoteten, anschließend einen Großteil der mühsam gesammelten Gimmicks hineinwarfen und dann den gefüllten Sack zum Müllcontainer schleppten.

1999 verkaufte Gruner + Jahr «Yps» an den Ehapa Verlag. Im Zeitalter des Internets wirkte «Yps» mit Gimmick irgendwie anachronistisch. Der «Yps»-Leser war inzwischen erwachsen geworden, nur das «Yps»-Heft hatte sich nicht verändert. Eine neue Generation von Kindern wußte mit dem Charme des Althergebrachten nichts mehr anzufangen. Und was sollten Erwachsene mit der klebrigen Klatschhand aus Heft 1201? Der ehemalige Leser, der 1975 noch zehn Jahre alt gewesen war, stand nun mit seinen vierunddreißig Jahren mitten im Leben, hatte womöglich Familie, ein eigenes Haus und war existentiell auf das «Yps»-Abenteuerzelt nicht mehr angewiesen.

Aufgrund des zunehmenden Absatzeinbruchs stellte Ehapa den Erscheinungsrhythmus von wöchentlich auf vierzehntäglich um und kürzte das Heft von 48 auf 32 Seiten. Die Rettungsversuche mißlangen: Das letzte Heft (Nummer 1253) erschien am 10. Oktober 2000, drei Tage vor dem fünfundzwanzigjährigen Jubiläum. Aber der Kult lebte weiter: Angesichts des prägenden Charakters des «Yps»-Heftes für die Generation Ü 30 versuchte Ehapa im Jahr 2005 noch einmal ein Comeback von «Yps». Diesmal richtete sich das Heft an die inzwischen erwachsenen ehemaligen «Yps»-Leser. In einer Auflage von hundertfünfzigtausend Exemplaren erschien am 18. August 2005 wieder ein «Yps» mit Gimmick. Der wirtschaftliche Erfolg blieb aus. Noch nicht einmal ein Jahr später wurde das Magazin wieder eingestellt. Wie endgültig dieser Entschluß ist, bleibt trotz vielsagender Andeutungen des Ehapa Verlags auf der «Yps»-Internetseite offen: «... und wer weiß, vielleicht gibt es doch noch einmal ein Wiedersehen – auf welche Art auch immer.» – Vielleicht als Urzeitkrebs?!?

Status: ausgelesen.

ZDF-Hitparade Mit seinem designfreien Brillengestell und dem öligen Charme wirkte er nicht wie ein Showmoderator, sondern eher wie ein Krankenkassenangestellter. Trotzdem ließen sich bis zu siebenundzwanzig Millionen Deutsche von ihm anbrüllen. Wer es zu ihm in die Sendung schaffte, war nicht selten kurze Zeit später Millionär. Wahrscheinlich hatte er eine nichterkannte Schilddrüsenüberfunktion und wurde so zum sprachlichen Maschinengewehr des deutschen Schlagers: «Hier ist Berlin, das Zweite Deutsche Fernsehen präsentiert Ihnen Ausgabe Nr. 1 der Hitparade, am Mikrofon Ihr Dieter Thomas Heck!» So startete die «Hitparade» am 18. Januar 1969 um 18.45 Uhr.

Das Konzept war einfach, aber gewagt. «DTH», wie seine Fans ihn nannten, präsentierte die beliebtesten Lieder deutscher Sprache, also überwiegend Schlager. Die Interpreten mußten bei ihrem Auftritt live singen, während die Musik im Halb-Playback-Verfahren vom Band kam. In einer Zeit, in der die Beatles gefeiert wurden, die Stones Skandale provozierten, die Doors Drogen einwarfen und die Außerparlamentarische Opposition den Straßenkampf suchte, wirkte das erst mal bieder. Aber das Konzept hatte Erfolg. Wie hypnotisiert saßen die Deutschen im heimeligen Wohnzimmer und starrten auf die Glotze. Alt und jung lauschten den unsäglichen deutschen Schlagerbarden, die von einem besessenen Regisseur ins Bild gesetzt wurden. Mit nie dagewesenen Kamerafahrten, Beleuchtungstricks und allerlei Studioglamour feierte das ZDF konservatives

Schnell reden, damit die Koteletten nicht am Mikrofon anwachsen – der Titan der ZDF-Hitparade, Dieter Thomas Heck, 1971.

deutsches Liedgut. Unverzichtbar wurden auch die Rituale: In jeder Sendung wurde ein Stück Technik erklärt, und am Schluß zeigte Heck sein Talent für Hektik. Nach dem Kommando «Rainer, fahr ab!» hetzte der Meister des gesprochenen Stakkatos in zehn Sekunden durch den Abspann, warf mit Zungenbrechernamen um sich

(«Bildschnitt: Hannelore Lipschitz, Szenenbild: Joachim Czerczenga, Kamera: Wolfgang Jaskulski») und endete mit den unvergeßlichen Worten: «... sahen Sie aus Berlin eine Sendung des Zett De Eff!»

Viele, die in der Hitparade auftraten, waren jung und brauchten das Geld. Jürgen Drews, vorher bei den Les Humphries Singers, wollte eigentlich gar nicht zu Heck ins Studio: «Ich war so nervös deswegen, weil ich dachte, wer guckt da jetzt alles zu? Bist du jetzt einer, der sich verkauft, stellst du dich quasi an die Straße gegen Geld und sagst: Ich mache jetzt Schlager? Aber irgendwo stand ich dazu und stehe ich auch heute noch dazu, das war eine ganz interessante Geschichte. Habe dann den Text vergessen ...» Aber auch für ihn lohnte es sich. 1976 wurde er die Nummer eins bei den deutschen Verkaufscharts mit «Ein Bett im Kornfeld». Bis zu dreißigtausend Platten konnte innerhalb von einer Woche verkaufen, wer am Samstagabend in der Hitparade gesungen hatte.

Howard Carpendale, Bernhard Brink, Rex Gildo, Peter Maffay oder Roy Black wurden mit Goldenen Schallplatten überschüttet. Doch glücklich waren sie nicht unbedingt, wie Dieter Thomas Heck in einem Interview mit der «Frankfurter Rundschau» erzählte: «Wir haben eine Sendung gemacht, die man mögen konnte oder eben nicht. Aber wenn einer kam und sagte: ‹Ach, eigentlich finde ich ganz schrecklich, was ich hier mache›, sagte ich: Dann mußt du was anderes machen. Ich war oft mit Roy auf Tour, und er hat teilweise zwei Stunden lang mit einer Schülerzeitung diskutiert, weil die ihn Schnulzensänger genannt hatten. Ich hab gesagt: ‹Roy, das bist du doch auch. Aber dazu mußt du doch stehen, bei dem riesigen Erfolg. Wenn du Rock 'n' Roll machen willst, dann tu das. Dich zwingt doch keiner hierzu.› Dieses ganze Distanzieren vom Schlager soll immer intellektuell klingen. Aber mit ihren Goldenen Platten haben sie doch alle angegeben und guckten dreimal am Tag auf ihr Bankkonto. Das ist doch unehrlich.»

Ab 1978 arbeitete die Hitparade mit Media Control zusammen, was für einige Plattenfirmen und Künstler einer Lizenz zum Gelddrucken gleichkam. Wer es unter die ersten zehn der deutschen Verkaufscharts geschafft hatte, wurde eingeladen und sicherte so seine Plazierung weiter ab. Nach drei Auftritten war zwar eigentlich Schluß, aber wer zu den Top drei gehörte, durfte wiederkommen. Deshalb fragte Vader Abraham seine Schlümpfe von April bis August jeden Samstag in der Hitparade: «Sagt mal, von wo kommt ihr denn her?» 1977 hatte noch die Rote-Armee-Fraktion Deutschland einen heißen Herbst bereitet, nur wenige Monate später terrorisierten die Blaue-Schlumpf-Fraktion und ein graubärtiger Holländer die Gehörgänge der Deutschen. Ganze Kinderscharen saßen mit ihren Recordern vor den Fernsehern, legten eine ➶ Compact Cassette ein, richteten das Mikrofon in Richtung Lautsprecher und drückten die Aufnahmetaste.

1983 stürmte Geier Sturzflug die Hitparade mit «Besuchen Sie Europa, solange es noch steht». Dieter Thomas Heck wollte den Auftritt verhindern, konnte sich aber innerhalb des ZDF nicht durchsetzen. «Ich finde, daß ein solcher Titel mit Weltuntergang im Viervierteltakt in der Hitparade keinen Platz hat», erklärte er einmal der Schweizer Boulevardzeitung «Blick». Heck wollte lieber den Schlager, der eine heile Welt verhieß. Das Jahr 1983 wurde so zu seinem Waterloo, denn alles, was er nicht mochte, stand nun ganz oben in den Charts und mußte eingeladen werden. Die Neue Deutsche Welle schwappte durch die Wohnzimmer. Trio, Frl. Menke und Deutsch-Österreichisches Feingefühl hießen ihre Zumutungen. 1984 zog der Moderator die Konsequenzen und verließ die Hitparade. Die erholte sich davon nicht mehr und wurde von seinen Nachfolgern Viktor Worms und Uwe Hübner in den Folgejahren mehr oder weniger abgewikkelt.

Die ARD schickte 1983 «Formel Eins» ins Rennen. Peter Illmann präsentierte am Anfang noch in den dritten Programmen Videoclips der deutschen, englischen, amerikanischen, italienischen und französischen Charts. Nachdem «Formel Eins» insbesondere bei der attraktiven Zielgruppe der Jugendlichen Erfolg hatte, wurde die Sendung schnell vom ersten Programm übernommen. Genau wie in der Hitparade wurde am Ende der Sendung die Nummer eins der Verkaufscharts gespielt, allerdings mußte bei «Formel Eins» nicht deutsch gesungen werden.

So erfolgreich andere Musiksendungen gewesen sein mögen – an die siebenundzwanzig Millionen Fernsehzuschauer der ZDF-Hitparade kam keine Chartsshow heran. Auch der sprunghafte Absatz von dreißigtausend verkauften Platten nach einem Fernsehauftritt gehört längst der Vergangenheit an. 2003 zollte die Musikindustrie den insgesamt rückläufigen Verkaufszahlen Tribut: Mußte man 1976 für eine Goldene Schallplatte noch 250 000 Singles verkaufen, so verringerte man jetzt die Zahl auf 150 000. Charts gibt es heutzutage für fast alle Musikstile. Die klassischen Verkaufscharts spielen in Zeiten von Downloads und digitalen Kopien kaum noch eine Rolle. Der Musikmarkt ist atomisiert. Die Zeiten der einzig wahren Top 100 oder Top ten sind vorbei. Nicht, weil es sie nicht mehr gibt, sondern weil es mittlerweile so viele verschiedene davon gibt.

Status: sitzt im Zug nach nirgendwo ...

Zylinder Er ahnte, daß die Menschen sich an diesem Morgen nach ihm umdrehen würden. Aber er konnte nicht wissen, was noch alles passierte. Der englische Hutmacher John Hetherington schrieb am 15. Januar 1797 Modegeschichte. In einem Selbstversuch mit dem ersten Seidenzylinder der Welt wagte er sich durch die Londoner Straßen. Schon nach wenigen Minuten drehten sich die Leute nicht nur nach ihm um – sie liefen ihm hinterher. Es muß ein merkwürdiger Anblick gewesen sein: Vorneweg Hetherington mit seiner eigenartigen Kopfbedekkung, hinter ihm eine riesige Menschenmenge, die den

Verkehr behinderte. Ein Kind soll bei dem Gewühl sogar verletzt worden sein. Schließlich erschien die Polizei und nahm den «Unruhestifter» in Gewahrsam. Die neue Hutmode kostete Hetherington fünfzig Pfund wegen Erregung öffentlichen Ärgernisses.

Hetherington hatte die Staatsgewalt provoziert. Hohe Hüte waren ein Symbol von Revolution. Englische Auswanderer hatten sie in Amerika etabliert, wo sie zur bevorzugten Kopfbedeckung der Streiter für die Unabhängigkeit vom britischen Mutterland wurden, und in Europa hatten die Anhänger der Französischen Revolution die Mode übernommen. Der Zylinder konnte seine politische Gesinnung nicht verhehlen, weshalb man ihn als «Demokratenhut» bezeichnete. Und Hetherington verlieh dem eher plumpen Filzungetüm, das auch Schornsteinfegern als Aufbewahrungsort für ihre Brotzeit diente – hier war sie vor Ruß geschützt –, eine ungeahnte Eleganz.

Hundert Jahre später war der Zylinder zum unverzichtbaren Accessoire für den Mann von Welt geworden. Dazu trug der Pariser Hutmacher Gibus bei, der ihm um 1830 den entscheidenden Kick gegeben hatte: Angeblich hatte er beobachtet, wie sich eine Frau auf einen Hut setzte. Gibus ersann eine Mechanik, die es zuließ, daß der Zylinder mit einem Klaps wieder seine alte Form annahm – fertig war der Chapeau (franz. Hut) claque (franz. Klaps). Da er relativ preiswert und viel praktischer als der normale Zylinder war, wurde er schnell ein Verkaufsschlager.

Der große Magier Ortwin Busikowski, einer der letzten Zylinderträger überhaupt, bei der Aufführung seines bekanntesten Tricks: dem Unsichtbarmachen seiner Frau Gerda (rechts im Bild).

Die Erfindung sorgte allerdings lange für Verwirrung: «Chapeau claque und Zylinder sind zwei ganz verschiedene Welten», klärte ein Herrenbrevier von 1913 den modebewußten Gentleman auf: «Der Chapeau claque ist der Abendhut für Oper und Ball, der Zylinder der Tageshut für Straße und Empfänge. Der blanke Zylinder zum Frack ist also dasselbe Unding, wie der Chapeau claque zum Gehrock.» Auch wer sich das hinter die Ohren schrieb, war nicht vor peinlichen Fauxpas gefeit: «Vor noch gar nicht so langer Zeit trugen die Kavaliere im Ballsaal ihren Chapeau claque unter den Arm gepreßt umher. Sorgfältig in den Rand des Hutes geklemmt lagen die Handschuhe. Weiße, ungebrauchte Glacés. Wie anders ist das heute. Die Gesellschaft verwarf den Chapeau claque in geschlossenem Zustande. Ein Claque ist heute für den Gentleman nur noch in aufgespanntem Zustande denkbar.» Diese neue Mode «rief in Kreisen Pariser Elegants eine Panik hervor, die sich auf die uralte Pariser Sitte stützte, den Hut mit in den Zuschauerraum der Theater zu nehmen. Noch heute sieht man ängstlich bemühte alte Herren ihren Claque auf der Erde unter ihrem Sitz bergen oder an die Logenbrüstungen und Gitter klemmen, während andere kühner nach vergeblichen Bemühungen ihn schließlich doch zusammenklappen. Ängstlich warten sie die drei Klopfschläge, die den Beginn der Vorstellung verkünden, ab, und kaum ist der Vorhang gefallen, so knallen die Hüte allerorten auseinander, als ob sie nie geschlossen gewesen wären.»

In den wilden zwanziger Jahren des letzten Jahrhunderts waren Klappzylinder für das Bürgertum bei nächtlichen Vergnügungen *state of the art*. Auch in den Fünfzigern war er angesagt. Niemand verstand es, sich so elegant darunter zu bewegen, wie Fred Astaire. In den Sechzigern veränderte sich die Mode radikal, der Frack spielte kaum mehr eine Rolle, und der Chapeau blieb eingeklappt im Schrank. Heute tragen nur Schornsteinfeger, Zauberer und Kutscher einen Zylinder. Weltweit gibt es lediglich noch drei Klappzylinderfabriken, eine in Amerika und zwei in Deutschland – vor hundert Jahren waren es allein in der Stadt Achern acht. Nach wie vor ist sie die Zylinder-Hochburg Deutschlands, denn hier, bei Aleisa, und nirgendwo sonst, werden die Zylinder im aufwendigen, originalen Schellackverfahren hergestellt, fünfzehnhundert pro Jahr, in Handarbeit. Thomas Gottschalk, Gerhard Schröder, Harald Schmidt und die Mitglieder des britischen Königshauses sind bei Aleisa Kunden. Über das komplizierte Wissen der Schellackzylinderherstellung verfügt nur noch der Chef. Immerhin hat er die wichtigsten Schritte aufgeschrieben – für den Fall, daß ihm mal was passiert.

Status: Hut ab.

Bildnachweis

Herbert Hoffmann/Bundesarchiv 143; Bettmann/CORBIS 115; CORBIS SYGMA (Frank Trapper) 211; Playboy Archive/CORBIS 124, Ross/CORBIS 100; Kraft Foods Deutschland 82; picture-alliance/akg-images 32, 201; picture-alliance/dpa 101; picture-alliance/dpa (Dieter Klar) 137; picture-alliance/dpa (Egon Steiner) 174; picture-alliance/dpa (Frank Rumpenhorst) 105; picture-alliance/dpa (Jens Kalaene) 118; picture-alliance/dpa (Schindler) 248; picture-alliance/KPA Copyright 77; picture-alliance/ dpa (Abaca Eladi) 239; SSPL/Manchester Daily Express 59; TV-yesterday 162; ullstein bild 51, 129, 180; ullstein bild/Granger Collection 63; ullstein bild/Gruszka 223; ullstein bild/KPA Grimm 278; ullstein bild/Rufenach 167; ullstein bild/sodapix 284; ullstein bild/Stark-Otto 257; Robert Brembeck/VISUM 194; Frans Stoppelman/Voller Ernst 24; Rüdiger Wölk 146.